汗かけ
恥かけ
文をかけ。

あなたを「最高の教師」にする
一生モノのマインドセット

渡辺道治 著

東洋館出版社

はじめに

本書は、今までの著作とは大きく異なる制作過程を経て生まれました。

通常は、著者が草稿を執筆し、幾度かの編集や校正を経て、本が完成します。ベースに存在するのは、「書きたい」「伝えたい」という書き手の思いや考えです。

多くの著作は、そのような土台や過程を経て生まれてきます。

一方で本書は、インタビュアーによる「質問」を起点として、草稿が生まれました。ベースに存在するのは、「聞きたい」「知りたい」という聞き手の思いや考えです。

「教師を志すようになった『原体験』は何ですか」

「新任時代には、どのようなトラブルを経験しましたか」

「学級通信を、なぜそれだけたくさん書くようになったのですか」

「今の時代、教師はどのように力量を形成していけばいいと思いますか」

「今後も変わらぬ教師の大切な役割があるとすれば、それは何だと思いますか」

シートノックのように次々と投げかけられる質問に、私は答え続けました。

その聞き手役を今回担ってくださったのが、編集者の北山俊臣氏と、小学校教師の福澤美里氏です。

お二人とも、「教育」という大カテゴリーに関係する仕事をしているという共通点はあれども、立場は私と大きく異なります。

北山氏は、これまで数々の教育書を世に送り出してこられた気鋭の編集者。

かたや福澤氏は、豊かな感性と卓越した行動力を兼ね備えた若手の女性教師。

立場がちがえば、性別がちがい、年齢もちがうお二方からの質問の数々は、いずれも私にとって新鮮な感動や気づきをもたらしてくれました。

そのお二方からの質問に答える中で、私はしばしば不思議な感覚を覚えました。

私の答えを聞いたお二人が、目を見開いて驚いていたり、深く唸りながら頷いていたり、「この話が聞けて本当によかったです」と感謝を伝えてくれたり。

そうした豊かな反応を間近に見せてもらう過程で、自然と私の中からも「この内容を多くの人に伝えたい」という思いが沸々と生まれ、大きく広がっていったのです。

そのようにして行ったインタビューをテープ起こししたものが、本書の第一稿です。

その原稿を初めて読んだとき、私はさらなる不思議な感覚に襲われました。

間違いなく自分が話した言葉であるにも関わらず、どこか自分ではない別の誰かが紡いだ言葉が並んでいるように感じられたからです。

それはきっと、他者の「知りたい」をきっかけとして自身の「伝えたい」が醸成されていくという化学反応が、制作過程において生まれていたからだろうと考えています。

北山氏と福澤氏とそして私。

三者で行った和やかな鼎談の中で、色んな思いや考えが交錯し、時に重なり、時に融合しながら生まれたのが本書です。

是非、楽しく語らっている我々3人の輪の中に入っていただくような感覚で読み進めていただければ幸いです。

そして、その中でたった一つでも貴方の「知りたい」「聞きたい」に応えられたとするなら、これほど嬉しいことはありません。

もう一人の聞き手である貴方との語り合いが本書の中で豊かに生まれることを、心より楽しみにしています。

目次

▼

第1章

原体験と教員としての歩み

教職を志した原体験

私は5人きょうだいの長男で、下に3人妹と弟がいます。その妹の1人はあまり勉強が得意ではなかったんです。それで、私が小学校高学年ぐらいのときから、2歳下の妹に勉強を教えていました。

言葉だけで教えてもなかなか妹が理解できなかったので、図に示してみたり、まとめてみたり、家庭教師の始まりみたいな感じで、家でノートに書いて教えていた記憶があります。勉強をするときのスケジュールやコツなどをまとめたこともあって、それを見たうちの父から「道治は教えるのが本当にうまいな」みたいな感じのことを言われた記憶があります。今でも、教師をどうして志したかを問われると、小さい頃に「将来先生とかいいんじゃないか」と父から言われたことをやっぱり思い出すので、これが一つの原体験なのかなと思います。

もちろん、学校に関係する思い出としては、美しいものばかりではありません。

私が小学校3、4年のとき、クラスが学級崩壊していました。毎日授業が成立していない状態の中で、私自身も恥ずかしい話、荒らしてしまっていた方で、それが今の教師人生につながってもいるのですが、荒れている子たちの心情が不思議とわかりやすいというか、追いやすいみたいなことは今までにもよくありました。

特に、その3、4年生のときはめちゃくちゃにクラスが荒れていたので、私のクラスだけ特別に該当児童（問題をよく起こしている児童）の親だけ呼ばれて特別懇談会みたいなことが学校で催されていました。当時、担任の先生の教え方が下手だとか、子どもたちからの人望、信頼がないみたいな感じで、他の友達のお母さんたちがよく「はずれだ」とか「なんだあの担任は」と言っていたことを覚えています。

一方、うちの母親は「あなたのこういういいところを伸ばしてくれて、ここを認めてくれたのはあの先生なんだよ」と言って、私に対して「その先生に教えてもらったことが本当にありがたいね」と言い続けていました。それは、その年だけのことではなくて、小学校1年生から大学4年生まで「あなたは本当にいい先生に恵まれて育ってきたね」と言われ続けてきたのです。そうやって言葉をかけ続けられて大きくなってきたので、私自身、「出会い」については本当に「ついているんだな」と思って育ってきました。

当然、その中には私の憧れになるような先生もいました。もちろん、そうじゃない先生もいましたが、「出会いの縁」みたいなものは選別したり、当たりはずれを嘆くのではなくて、その中に「喜びを見出すものなんだ」というようなことは、母親がそうやって教えてくれていた気がします。父の言葉と、母の言葉。その2つは教職を志す上での原体験として大きいかもしれません。

ちなみに、中学校の恩師が私の人生の中で一番大きな影響を与えてくれた先生です。今年の3月に私が札幌を出て愛知に行くことになり、そのこともお伝えしないと駄目だなと思って久しぶりにお会いしたら、そのときにちょうど今年で定年退職を迎えられることがわかりました。なので、中学校のときのメンバーで集まって退官祝い、退職祝いをみんなでし、故郷を巣立ってきたわけです。もう20年以上もたつのに、当時のクラスでの出来事なんかについて互いに大いに盛り上がり、思い出話に花が咲きました。

たまたまですが、私の中学校は学年が6クラスあり、もちろんクラス替えもあるわけなんですけど、私はその先生に3年間当たり続けたんです。当時のその状況とかも今回の退職祝いのときに教えてもらって、私を3年間見続けたのには思惑というか、意図があったという話を恩師がしてくれました。

まあ衝撃的な先生で、よく私の書いた文章の中にも出てくるのですが、教え上手とか、そういうわけじゃないのです。授業も今の私が思い起こしてみても全然粗削りですし、器用な方では全くないと思います（笑）。でも、先生と交わした会話とか、不思議といろんなシーンが心に残っているんですよね。いまだによく覚えているのは、着任式での挨拶です。その担任の先生は私が中学1年のときにちょうど赴任して来られた先生で、着任式での挨拶があったんです。他の先生は「はい。次、〇〇先生」と呼ばれたら壇上まで来て「〇〇中から来た〇〇と言います。廊下で会ったら一声かけてくださいね。どうぞよろしくお願いします」。こんな話に普通はなりますよね。

ところがうちの担任の先生はマイクのところまで行かずにステージの端っこまで歩いて行って、そこから助走を始めて「ダダダダーッ」と走るのです。ここからロンダートしてバク転して宙返りしてグルグルとなって、ダンッとマイクの前に着地したんです。そして、決めの姿勢をつくった後に、「私は、この学校に体操部をつくりたいと思っています！　よろしくお願いします！」と言って、挨拶を終える。どこから来たか、何という名前なのかも言わないで自己紹介を終えたんです(笑)。そういうタイプの先生でした。

退職祝いのときも、そのときの様子を思い出しながらみんなで笑って話しました。先生はいまだに「俺、そんなことしたかな」ととぼけるのですが、「覚えてないのは先生だけですよ」と毎回しっかりツッコんでいます。そんなふうに粗削りでダイナミックな先生だったのですが、「褒める」ということをものすごく真に体現されていた先生だったこともよく覚えています。

「褒める」のもともとの言葉の意味は、稲穂の穂にあると言われますよね。今は、上の立場の人が下の立場の人に何らかの評価を与えるというふうにして使われることが多いのですけど、もともとの意味はニュアンスが異なります。稲穂の穂ですから、実ったときに「お互いに喜び合う」のが褒めるというそもそもの意味らしいんですよ。なので、素晴らしいことを共に喜び合うというのがきっと「褒める」という本来の姿だと思うのですが、その先生はその点に関しては卓越しているというか、天才だったと思います。

なぜなら私たちの成長を本当に自分のことのように喜んで涙できる先生だったからです。大人でこういう人いるんだなというか、先生でそういう人もいるんだなというのを初めて感じた瞬間でした。自分の成長や努力している姿を、親みたいにというか、ある意味では親以上に喜んでくれた先生でしたね。まさに、本来の「褒める」をそのまま体現されていたんだと今では思います。親でも兄弟でもなくても、こんなふうに自分の成長を喜んでくれる人が世の中にいるのかと、ある種の驚きをもって受け止めていた記憶があります。そういうことを教えてくれる存在に教師はなれるんだということを知った、これも一つの原体験であったと思います。

なんというか、分け隔てのない「愛情」を自然と注げる先生だったんです。周りから指導が難しいとされている生徒を積極的に担当されていたことも後に知りましたし、教職人生のラスト数年では新たに特別支援教諭の免許を取られて支援学校でお勤めになられていた話も伺いました。

私も、大学時代に小中高の免許に加えて、特別支援の免許も取得したのですけど、どこか教育観というか教師としての在り方に大きな影響を受けていたんだなぁと改めて思いました。

ちなみに、大学のときには教育実習に5回行きました。理論よりも実践の方が好きだったので、教壇に立てるチャンスは全てつかみに行っていた思い出があります。そういう意味では、子どもたちの前に立ってあんまり緊張とか、硬くなったりみたいな感じはありませんでしたね。結構な人数で行くことになった教育実習でも、「誰か研究授業、代表授業やりませんか」と言われても誰も手を挙げなかったりするので、たいていの授業は代表で引き受けてやっていた記憶があります。座学というより実習の中において大学時代に結構揉んでもらいました。

そうして奈良の小学校で初任を迎えました。最初の着任の挨拶では、手で笛が吹ける「ハンドオカリナ」を披露しました。「楽器を持ってきたよ」という話をして「どこにもないじゃん」と言われ、手ぶらで「ここにあるからね」と言います。バラバラッと吹いて、子どもたちが「ワーッ」となって「いつでも教えてあげるから聞きに来てね」というような感じで最初に話をしたのを覚えています。恩師のバク転とまではいきませんが、出会いの利那に何か一つでも心に残る贈り物を届けたいと思うようになったのも含めて、やはり先生の影響は強いなぁと思いますね。

父から教職を勧められたり、母から先生方との出会いの素晴らしさを教えてもらったり、中学校の恩師のような私の考え方にも深く影響を及ぼすようになった先生とのご縁をいただく中で、自然と教師を志す素地みたいなものができ上がっていったんだと思います。

「自分を伸ばしてくれる」という実感

大学時代のゼミの先生と、今もつながりがあります。授業に関して、とことん突き詰めておられる先生でした。もうお亡くなりになった有田和正先生と懇意にされていた方で、社会科の実践に関しては北海道内でも知る人ぞ知るほどの先生でした。

私が教育実習に行ったときにも、社会を専攻されていた実習校校長先生が、私のその教官の名前を出したら「おい、まずいぞ」みたいな感じでざわつき始めて、「何々先生のところのゼミ生が来たから今回の研究授業は本当に腰を据えてやらなあかん」と焦り始めるような、そんな感じの方でした。

私はその先生に連れられていろんな講演会やセミナーに参加しました。それも有田和正先生の講演会にも2回ぐらい行きましたね。そういう意味でいうと、結構珍しいタイプの大学生だったかもしれません。講演会の会場も、周りは現職の先生ばかりでしたからね。

私の大学は、1年生のときは研究室に仮所属しているという状態で、2年生から本所属を決めます。1年生のときは仮で、2年生に進むときに本所属の研究室を決めるんですね。希望が重なったり集中したときは1年生のときの成績で上の人が願いどおりのところに行くという仕組みになっていました。

私は、1年目の仮所属が、むちゃくちゃ厳しい、厳格な女性の先生だったのです。それが、先ほどの社会科の先生です。仮所属のときにもそのゼミの厳しい風景も見ていましたし、先輩方がしごかれているというか、必死の思いでレポートを仕上げたり、ゼミの前になったらピリつくぐらいの雰囲気も間近に味わっていたのです。そうして大学1年生の終わりに「来年どこ選ぶ？」と友人同士で会話になったときに、私の研究室だけは誰も選ばないと皆が口を揃えて言っていました。なぜかというと、先生が厳しくて怖いから。「絶対にそこは選ばん」と言っていて、「おまえもそうするよな」みたいな感じで投げられたわけですけど、私はそういう話を聞けば聞くほど、ここに行った方がいいんじゃないかと思ったのでした。

なぜかというと、私はその先生が全然嫌いじゃなかったですし、今もその当時も、怖さと共に尊敬の念を覚えていました。それは、自分自身に伸びる実感があったからです。1年の頃からその先生にいつもチクチクチクチクチクチク言われていたのですが、それでも的を外したことは言われたことはなかったというか。芯をついているから痛かったりするんですよね。あんたは口から生まれてきたような男で本当によくしゃべるけど、中身がない。中身が伴っていないから軽いんだ！　みたいなことを大学1年生からずっと言われるのです。私は、研究室でいつもバイオリンとか弾いていたので、「あんた、社会じゃなくて音楽の研究室に行ったら？」みたいな感じで言われたこともありました（笑）。とにかく、手放しで褒められるようなことは一度もなく、むしろ直球での批判や指導がほとんどでした。

結局、この関係が4年間続きました。4年間コテンパンに言われ続けて教師になり、その後久しぶりに北海道に帰って一緒に飲みに行ったときも言われました。今年3月に愛知に出てくる前にも一回お茶をしに行きましたが、いまだに言われます。最近は「口の軽さもここまで突き抜けると面白いね」というような言葉をもらえるようにもなってきたところです。

1年のときに「その先生は絶対に選ばん」って友人たちが言っているのを見て、逆に興味がさらに湧いたというか。みんなが選ばない道の方が面白いだろうなという感覚は当時もありました。

妥協は許さないですし、私がかなり満足いったと思ってレポートを仕上げていったら、返ってきたコメントで「自画自賛」「天狗になるな」とか、そんな言葉が。すごいですよね（笑）。

誰かと同じ道だとか、多くの人がそうしているからその選択にしたというようなことは、今までの人生の中でそれほど多くないと思います。そのようにしても得られるのは束の間の安心感というか、むしろそれと引き換えに「自分自身で選び取った」というような責任感や充実感は得られないのではないかと思っています。今も、あのときに友人みんなが総出で反対していたゼミを自分自身で選んで本当によかったと心から思いますね。

それで、大学生活のそんな話を家でしていたら、卒業式だけは母親が来たいと言って来たんです。母親とその先生は卒業式の日に初めて会ったのですが、母の前でも教官は「道治は口から生まれてきたような男で、本当にペラペラペラペラいろんなことを口が軽いもんで」みたいな感じで私のことを言うわけです。本人の前で母親に対して卒業式の日にもチクチクと言い続けるんです。

そうしたら、母親が帰りの電車で私に言ったんです。「あなたは本当に素晴らしい先生に巡り会ってよかったね」と。そこも母の言葉は変わりませんでした（笑）。これでも尚この言葉をかけられるんだと思ったんですけど、「よかったね。あんたのことをちゃんとわかってくれてる先生に教えてもらったんだね」と本当にうれしそうに言われたのを覚えています。

授業技術に魅せられる

新任時代の授業では、もう技術も足りなければ、知識も足りないことを、はっきり自分としても感じていました。最初の研究授業のときです。その授業を見に来てくれた先輩の先生、いわば目利きの先生ですね。私はその方を教職における一人のお師匠だと思っています。「汗かけ恥かけ文をかけ」のきっかけをくださったのもその方です。

その15歳ぐらい離れている先輩の先生が研究授業の導入を大絶賛してくださったんです。こんなに端的に子どもたちの活動を引き出して、しかも、リズムもテンポもよくてびっくりしたみたいな、「天才だと思った」とまで今でも会ったらそのときの授業のことを言ってくれるのです。

大絶賛してくれた上で、その後に「でも、先生の視線は右半分には行ってないですよ」という話をされたのでした。私の視線は左半分にしか行っていなかったらしいのです。いわば、視線が泳いでいるというか、流れている状態だから、右側の子たちは先生の視線という「プレゼント」を一つもらっていないということなのです。なので、こういった子たちにフックをかける意味でも、視線の流し方だとか止め方は、きちんと練習した方が、さらに授業に磨きがかかるという手ほどきを一番最初に受けました。他にも15項目くらいにわたって、私の授業技術で足りないところを紙に書き出して渡してくれました。そのときの紙は今でも大切にとってあります。

本当に今思い出しても幸運だなぁと思うんですが、そこから始まるんですよね。私が「技術」に魅せられていく時期が。大学時代には教育技術というものを深く学んだことはなかったんですけど、「やっぱり、そういうものがあるんだな」と思いました。

一つひとつひもといていくとちゃんと授業にも技というものがあって、それは料理の技だとかサッカーの技だとか、他の分野のものとも似ています。私はバイオリンを弾くんですが、楽器の技とも似ていて、意図的に練習しないと磨かれないし、放っておくと錆びるんです。これは本当に明らかなんですよ。できたと思って放っておいたら錆びるんです。保ち続けるためには研がなきゃ駄目なんですけど、研ぐためには誰かに見てもらう経験をしなくちゃ駄目で、それを初任時代からまざまざと教えてもらいました。

新任時代の最初の大トラブル

私が勤務し始めて最初に受けもったクラスには児童養護施設から登校しているお子さんが3人いました。そもそもその奈良県の私立小学校自体が児童福祉施設をサポートするというか、そこから通ってくる子どもたちのために建てられたという原点をもっている学校なのです。その子たちは全員複雑な家庭の事情を抱えていて、トラブルや問題の起点となることも少なくありませんでした。

勤めてまだ1カ月も経っていなかったと記憶していますが、養護施設から通っている2年生の男の子がこんなことを起こしたことがあります。昼休みに「渡辺先生、教頭先生が対応してるからちょっと来てください」と血相を変えて私を呼びに来たのです。私が玄関までバーッと走って行ったら、その子が全裸になって教頭先生に後ろで羽交い絞めにされて床に組み伏せられて、玄関のでっかいガラスがバリンと割れているんです。教頭先生が羽交い絞めにして組み伏せた状態で、私に「ちょっと○○院(児童福祉施設)に電話して」と。強制送還のような形で、今すぐ引き取りに来てもらってみたいな感じで私が呼ばれたのです。

まず、その時点で何があったのか私にはわからないわけですね。「教頭先生、ちょっとすみません。何があったのかだけ緊急なんですけども教えてもらえますか」と言ったら、「〇〇が腹を立ててほうきを振り回して窓ガラスを割って、注意しても止まらないから今こういう状態なんだ」といった感じで、逃げたりしているうちに服を全部脱いじゃったという状況でした。その子は組み伏せられてものすごい興奮状態で、「俺なんか学校に要らないんやろ」「俺なんか死んだるわ！　死んだるわ！」とずっと言っているのです。阿鼻叫喚の世界ですよね。

22歳の私は「どうしたらいいかな」と思ったのですけど、少なくとも私はこのまま電話を入れて強制的に帰すのだけは間違っていると思ったんですね。その選択だけは「ちがうな」と思ったのです。管理職の指示だったのですが、「教頭先生、すみません。お話だけ聞かせてもらっていいですか。手を離しても私は逃がしたりしないですし、別のところに危害を加えたりすることは絶対にないので、5分だけちょっとお話しさせてもらっていいですか」って言いました。「その後でどうしても駄目なら連絡して、迎えに来てもらおうと思いますので」と言って、まず教頭先生を説得して「わかった」と。私もまだその子と付き合って1カ月ぐらいだったので、そんなに関係はできていなかったと思うのですけど、不思議と話せばわかるというような感覚がありました。それは先ほど話した「荒れている子の気持ちが何となくよくわかる」というのもありますし、何よりその日の5時間目に生活科で大根の種を植えるという楽しみなイベントがあったことも頭にありました。その子も絶対にそれを楽しみにしていたのは間違いなかったはずです。

このまま帰したら、この子、種も植えられないで帰るんだなと思ったので、何とかできないかなと思って、とりあえず私は教頭先生からその子の手を預かりました。力は入れなかったんですけど、その子も疲れていたみたいで、私が小さい声で「もう暴れなくて大丈夫。先生と少しだけ話せるか？」と言ったら「うん」と言ったので「まず、パンツ履こうか」とパンツを履かせて「シャツ着れる？」と言ってシャツを着せて、でも落ち着きを取り戻すというより、その間もずっとグズグズ「だってな、だってな」みたいな感じで文句を言っているんです。まだ全然釈然としていなくてなんか言いたそうだったので、とりあえず、私は誰もいない保健室に連れて行きました。

今の自分でも似たような対応をすると思いますが、人目がないところ、刺激の少ないところに行って話を聞く。いわゆるクールダウンスペースにその子を誘導したのです。当時は、そういうエビデンスは知らなかったので、経験則です。私も荒れたクラスの中でサバイバルしてきたので、こういうときに絶対にやっちゃ駄目なことは、体で覚えていました。大きな声で怒鳴って、その子により大きな刺激を入れることだけはＮＧいうのは体感的にわかっていたんです。

保健室に連れて行って、ひとまず服を着た状態で「いったいどうした」「何があった」「話せる？」「話してくれたらうれしいな」と言いました。そしたら、その子が、「俺が頑張ってたら〇〇先生が俺のことを注意してきた」みたいな感じで、通りがかったベテランの女性の先生がどうもその子のことを、掃除中に遊んでいるように見えたのか、その子からすれば全然遊んでいなかったのに、いきなり一喝されて叱り飛ばされたことにむちゃくちゃ腹が立って「なんで俺、掃除してるのにそんなこと言うんや」みたいな感じで怒った拍子に振り回したほうきがガラスを直撃して割れて。割れたところに教頭先生が来てさらに大きな声で怒鳴られて、「うるせぇ」みたいな感じで逃げようとしたら、逃げているうちに服が脱げて、そういう顛末だったらしいんですね。

「そうか。そんなことがあったんだな」と言って、いろいろ話を聞いて、ひとまず「わかったよ」と。いろいろ大変なことが起きてしまったなと。「割れたガラスは元に戻らないし、やってしまったことは取り返しがつかないんだけど」と言って、でもここからできることはいろいろあるんだよという話をしたんですよね。そして「まず教えてほしいんだけど、大根の種植えたい？」って聞いたんです。そしたら「うん」って、コクンとうなずいたんです。「そうだろう。先生も植えたいよ、楽しみにしてたもんな。でもね、植えるためには2つしなくちゃ駄目なことがあるんだ。これができたら種を植えられるし、先生も手伝ってあげるからできたらいいなと思うんだけど、どうする？」と言ったら、その子が「やる」と言ったんですね。

この時点でオッケーと思ったので、「一つはね、教頭先生と○○先生に自分の思いはひとまず置いといて、ガラスを割っちゃったり、騒いじゃったりしたことについて『ごめんなさい』と一言謝れるか」と。「これが一つ目ね」と言って。二つ目は、「割れたところだとかもそうだけど、ガラスはもう片付けてくれてるからいいよ。でも、そこの掃除用具を整えたり別の場所を綺麗にしたりとか、何か悪いことをしちゃったとか、迷惑をかけちゃったときは、それをやめたらよしじゃなくて、しかも謝ってもよしじゃなくて、何か一ついいことして初めてマイナスが取り戻せる。だから、一つだけいいことしてから大根の種を植えに行こうか」と話をしたんですね。

そしたら、「わかった」と言って、その子はもうそのときには涙は引いていたので、手をつないで職員室まで行って教頭先生に「さっきは、こんなことしちゃってごめんなさい」とその子が謝ったら、教頭先生はとても驚いて「謝れたな」みたいな感じで褒めてくれました。ガラスのことについては駄目なことだったけど、今度から気をつけるんだぞといった感じで言われたので、「わかりました。教頭先生、ありがとうございます」

と言って、その後、下まで行って掃除用具とかを整えて教室に行って大根の種を植えたということがあったんですけど、最初に遭遇した大トラブルはそれでしたね。そのときの対応については先輩や上司からもすごく褒めてもらったんですけど、自分の中ではガラスが割れたりするような出来事にある程度耐性がついていたというのが真相で（笑）、そこまで慌てることがなかったり、ＮＧ対応をせずに対処できたのがよかったんだろうと思っています。

子どもたちからもらった数々の贈り物

私が最初の卒業生を受けもったのは、３年目です。２年生、５年生、６年生と順に担任して、25歳で初めての卒業生を送り出しました。教え子の中にはすでに何人か教師になっていて、私の前にいた学校に今、先生として勤務している教え子たちもいます。

最初の卒業式は、「泣いて喉が渇いた」という初体験をした日でした。わかりますか？泣きすぎて、そこから水分が出すぎて喉がカラカラになったんです。汗かいたら喉渇くじゃないですか。でも卒業式では汗はかいていないんですよ。ひたすらただただ泣いて喉の渇きを感じるという体験でした。必死の思いで走った5年生、6年生。高学年だったので、「やり尽くした」「燃え尽くした」というか、当時の自分にできることは余すことなくやったという感覚でしたね。

それが終わるときは、一つの青春時代が終わるというか、力を注ぎ続けてきたものが不意になくなるというか。駆け抜けてきて、フルマラソンじゃないですけどゴールして、今まで出したことのない力が出せたという感覚がありました。

そんな風に、ひたむきに力を尽くして、最後の最後には喉が渇くくらいまで涙して。この仕事ってやっぱり素敵だなって腹の底から思ったのは、最初の卒業生担任のときでした。

2年生、5年生、6年生と担任をして、その次にまた5年生、6年生だったので、再びもち上がりで卒業式まで行ったんですけど、2回目の卒業生は私が最初に2年生で担任した子が大きくなっての5年生、6年生だったんですよ。もちろんクラス替えがあったので初任の頃にもっていた子たちはクラスの3分の1くらいしかいないんですが、学年としては最初の子たちをそのまま担任して送り出せたというのはとても幸運な出来事でした。

実は、2年生の初任のときに私、実家が大変なことになったんです。ある日、子どもたちと昼休みにドッジボールをしていたら「ピンポンパン」と校内放送で呼び出されて、校長先生から「大変だ。実家から電話かかってきてるからすぐにかけ直して」と言われてかけてみると、「大変なことになって」「実家が全焼して、家族も今、救急のとこに入って。すぐ帰って来れる?」という連絡だったのです。

その日の午後の授業をせず、すぐさま北海道に飛んで帰ったら、生まれ育った家はもうなくなっていて、愛犬も亡くなっていて、妹はＩＣＵに入っていて。受け入れられないような現実を次々と突きつけられる状況でした。数日間、生きた心地がしなかったというか、このまま職場に戻ったとしてもちゃんと働けるのかなっていう、そういう感じで1週間ぐらい過ごして、でもその間にも学校では一生懸命私の代わりにクラスをサポートしてくれている人がいるので、ひとまずまた奈良の勤務校に戻ったのです。ひとまずは戻ったのですが、勤めて1年も経たぬ間にそんなことになり、私は放心状態でした。このまま働き続けられるのか、こんな心境でそもそも教職を続けていいのかとすら思っていたのです。

そんなふうに私が飛行機で奈良に戻った日。空港からそのまま学校に向かうと夜7時ぐらいでした。子どもたちは当然いないのですが、教室にガラッと入ったら教卓にたくさんの子どもたちの手紙が置いてあるわけです。「渡辺先生、大丈夫？　みんな心配してたよ」「先生も先生の家族も早く元気になるように神様にお願いしました」のような内容で一生懸命2年生の子たちが書いてくれた手紙が山盛りに置いてありました。私は教室で一人それを読んでひとしきり泣いて、この子たちのためにも頑張ろうっていう力をもらったのでした。放心状態だったところから、息を吹き返した瞬間でした。保護者の方からもそうですし、同僚の方からも、義援金みたいな形で心を尽くしてもらって、それも本当に心に沁みました。そして、せめてこの受けもっている子たちを送り出すまではしっかり勤めたいと思ったんです。

そんなこともあって恩返しという意味もこめて、毎年、人事希望調査書には「この学校で一番大変なクラスの担任をさせてください」と書き続けてきたので、特定の学年を希望したことはなかったんですが、たった1回だけ希望を出したことがあって、それがここなんです。1年目の火災のときに私に生きる希望を与えてくれたこの子たちに少しでも直接の恩返ししたいと。だから、初任でもった2年生の学年が5、6年生に上がってきたときに「この学年をもたせてください」と教師人生の中で唯一希望を出してもたせてもらいました。そうして2回目の卒業生担任になったんです。

ようやく、そこで少しは恩返しができたという感じがありました。私は懇談会のたびに保護者の方々に「初任のときに明日をも知れないくらい絶望してたところをおうちの方々とお子さんに助けてもらったので、恩返しのつもりで今も勤めています」と言い続けていたんです。そうしたら卒業式の1カ月前ぐらいの懇談会では保護者の方から手紙をたくさんもらったんです。「もう十分に返してもらいました。返してもらいすぎです。だから、これからは先生ご自身のためにこのお仕事に勤めてください」といった内容が書かれていました。そんなふうに担任させてもらった子どもたちやおうちの方から、たくさんの目に見えない贈り物をもらいながら若手時代を過ごしてきました。

圧倒的に授業がうまくなりたい

授業がうまくなってきたなという手ごたえは、言うのも口はばったいですけど、4年目とか5年目くらい。たとえば、研究授業をした後の協議会でのコメントの内容がすごく「豊か」になってきたというか、先生方も指導しているというよりも学んだみたいなことがすごく増えてきた転換点は、4、5年目くらいでしたね。それはもう明らかな変化が起きた年でした。

それは学級通信などの手ごたえとも重なります。最初はひたすらに書き続けて「発行量を増やしていった時期」から、次第に「保護者の方からの反応量が増えてくる」ようになり、最終的にたった1枚の通信に何通もの感謝のお便りが寄せられるようにもなったんです。こういう状況に至るまでにも3年くらいかかりました。もちろんそこまでの間は懸命に努力を重ねました。本はむさぼるように読みましたし、セミナーにも毎月当たり前のように参加していました。

その時期は、先輩方と飲みながら「このときってどういうふうにして授業を進めますか」とか「こういう場面になったときにどうやって切り返しますか」みたいな教育談義も繰り返していた思い出があります。とにかく、圧倒的に知識や技術が足りなかった感覚があったので、あらゆる場でインプットを求めていましたね。しかも、それが楽しかった。

もちろん今だったら当時のような働き方は考えられないです。今は家族もいるし、他に抱えている仕事もあるのですが、当時はそれさえやっていればよかったのです。学年主任でもないですし、校務分掌の長でもなくて、ひたすら授業を磨けばよかったんですね。今ふりかえっても、ただひたすらに授業がうまくなれる本当に幸せな期間でした。

とにかく圧倒的にうまくなりたかったのです。頑張りすぎてしんどい感覚も一切なく、努力すること自体が本当に楽しかったんです。朝も早くて、夜も遅くて、ほとんど学校にいたみたいな感じでしたね。特に初任の頃は。

現代では、働き方改革という意味で、そういう時代をふりかえることすら難しくなっていますが、事実は事実ですから。足りない技とか知識を補うために若手時代は必死でした。でも、楽しかったんです。今、思い出してもあんなに夢中で働けて、その中で大きな成長の実感があって、本当に幸せな毎日でしたね。

ですから、「働き方改革」と言っても、働く量をただ抑えたらいいという話ではないと思うんです。そこに本当の楽しさとか、伸びる実感みたいなことを得ている人は、肉体の疲労を精神的な楽しさや充実度が上回ってしまうこともあります。

私はバイオリンでもそうでしたが、今まさに伸びを実感していると感じているときに寝ても覚めてもバイオリンを練習してました。それは、だいたいスタート時期に訪れます。始めて数年間の時期が一番伸びるので、このときに集中的に力を注がずにいつやるのかと思っているところもありますね。

もう少し詳しく話すと、先輩のあの言葉いいなとか、飲み会で聞いたその褒め言葉は素敵だなとかっていうものは、忘れないようにどこかにメモしたりしていました。そういう機会を増やしていこうというのも意図的にしていました。なぜかというと、「足りない技や知への葛藤」が根底にあったからです。褒め言葉一つとっても、全然スルスル出てこない。「すごい」とか、「素晴らしい」とか、「上手」とかは出てくるのです。でも、「卓越してる」とか、「あなたの○○は抜群だ」とか、「新しい視点の意見ですね」なんていう褒め言葉は意図的にストックして磨いておかないと、中々自然な形では使えませんでした。言葉のバリエーションだけでなく「自分自身の不足感」を感じていた場面は他にもたくさんあります。だからこそ、褒め方についても励まし方についても、メモを見返したり、本を読み返したりしてなんとか出てくるものではなくて、いついかなるときもそれを使いこなせるような状態にまでもっていきたかった。それは、バイオリンで言ったら暗譜していて、楽器さえもらえればすぐに弾けるみたいな、もうしみ込んでいる状態です。私の中では、これを「技能化」と呼んでいるのですが、楽譜がないと弾けない曲は私の中ではまだ技能化されていないんですね。楽譜なしで弾けるのが、私の中で一つの基準なのです。

だから、研究授業のときに紙を見ないなんていうイロハのイのことを先輩から一番最初に教えてもらったんですけど、いまだにそういったことはすごく大切にしています。

流れもそうですが、褒め言葉だとか、こういう展開になってこっちにいったときはこれができるみたいな。シナリオとはちょっとずれていたとしても「操舵」ができる。これが「技能化」だとするなら、技術もそうだし、知識もそうだし、全く足りていないことが初任の頃にハッキリとわかったのです。

一体なぜそれに気づけたかというと、近くに技術を磨いている人がいたからなのです。知識量もそうだし、技の引き出しもそうですが、自分自身が足りていないという「差」をハッキリと見せてもらえたのは幸運でした。なんとなく足りないじゃなくて、「明らかに」足りていなかったんです。だから、意図的に増やそうと思いました。その不足感をハッキリとした形で教えてもらうことができたのは、初任時代の中でもとりわけ幸運なことだったと思います。

第2章 汗をかく

量質転化の嘘

「汗をかく」というと、真っ先に浮かぶ言葉に「量質転化の法則」というものがあります。積み重ねた量がやがて質に転ずる、「最初は質を追い求めるんじゃなくてまずは量を重ねよう」という意味の言葉です。シンプルに練習量と捉えてもいいのですけど、量をくぐっていくうちにそれが次第に質に転化して力がついてくるとか、変化が訪れるとか、成長がもたらされるとか、そういう意味なんですね。

最初は、私はこれを信じていたんです。信じていたというか、今もある程度はどの分野にも共通して言えることだと思うんですけど、一定程度教職年数を重ねるようになってから、私は、この量質転化というのは教師の力量形成という観点で言うと、いくつかの「嘘」があるなと思ったのです。量を紡いだとしても質に転化しないケースがたくさんある。

量質転化が真実ならば、経験年数とともに全員授業がうまくなっていくはずですよね。当然ですが、量はどんどん増しているのですから。ですが、周りを見渡してもどうやらそのようにはなっていないと務めているうちに気づくわけです。

たとえば字にも美しい字とか汚い字があります。字は生きている限り書き続けているわけですから、書けば書くほどうまくなるのが量質転化の法則です。ですが、下手な字はいくら書いても下手なままだと思うんですね。これは間違いないと思います。つまり、質に転化しない量が世の中にあふれていることに気づいたんですね。

じゃあ、質に転化する量って何なんだろうと思ったときに、「作業」よりも「稽古」を積むことが大事だと気づきました。「作業」はいくら積んでも質に転化しないと思ったんです。先ほど例示した字もそうですよね。下手な字をいくら書き続けていても、これは「作業」だからうまくならない。意図的にうまくなろうとしていないと言ってもいいかもしれないですね。野球の素振りもそうです。明確な目的意識がない限り、その素振りは単なる腕の運動なんです。下手な字を書いているのも、これは作業であり、単純な手指の運動にすぎないわけです。

授業も同じで、作業になっている限りうまくならない。でも稽古になるとうまくなるんです。じゃあ、作業になくて稽古にあるものは何かといったら、一つは目的意識だと私は思うんです。字がうまくなりたい、バッティングがうまくなりたい、授業がうまくなりたいという目的意識。これがあるかないかが非常に大きなところだと思っているのです。

もう一つは、お手本があるか否かです。これはお師匠さんと言っていいかもしれないですし、ご助言をくださる方と言ってもいいかもしれません。とりあえず、お手本があるかないかは極めて大切です。下手な字がうまくなるためには、お手本の字をなぞるのが一番の近道だと言われるんですけど、そりゃそうだと思うんですよ。バッティングもうまい人を見てそのとおりに振る。間近で教えてくださる方が来て「バットのヘッドが下がってるよ」とか「もうちょっと軸足に体重をかけて」とか言ってくれる。これが稽古なんですよ。作業ではない。意図的に自分に変化をもたらそうとしているということですよね。

授業も同じで、ただ単に流している限り、それは作業でしかないので質には転化しないんですけど、意図的に視線の止め方を磨いていこうとか、褒め言葉の種類を今回の授業では増やそうとか、リズムテンポを前回よりもよりよいものにしていこうとする。そこに目的意識とお手本があるかないかによって質に転化するかどうかが大きく分かれると思うんです。

この手本の存在を「自分にどうもたらすか」がなかなか難しいのです。それは人との出会いだけではなく本などの何らかのコンテンツでもよかったりするんですけど、その手本通りにまずはやってみようという「憧れ」や「悔しさ」みたいなものが自分の中に生まれるかどうかが一つの分岐点です。そうやって、「手本を目指して自分に何らかの変化をもたらそう」としたら質に転化しやすいというのをよく感じていたんです。

これは、それまでの人生経験の中でも体感していたことでした。先ほどお話ししたバイオリンの演奏経験においてもそうですし、中学校まで取り組んでいた陸上競技にも同じことが言えました。記録が伸びたり技が向上したりするときは、練習の方向、ベクトルがだいたい合っているのです。こっちの方向で行けばいいよというところに行っている。うまくいかないときとか、成長がなかなか実感できない。しかも、ビギナーズなのになかなか成長が実感できないのは進む方向が間違っているか、純粋に量が足りていないか。私は、どちらかだと思っているんです。

なので、なんかちがうなと思ったら努力の方向を変えてみるか、量をもっと増やしてみるかのような試行錯誤をして、まずはルートを確定することをしています。そして、成長の糸口をつかむことができたり、手繰り寄せている感覚を覚えたら、そのルートに向けて作業じゃなくて稽古の量を積んでいくということです。

自分自身に大きな変化や成長をもたらすためには、目的意識を明確にした上で、お手本だとか指南してくださる方の存在との出会いが大切です。このような状況になるとうまくならざるを得ないというか、自然と質に転化していく。それがつまり、「作業量を増やすんじゃなくて稽古量を増やす」ということなんです。私の「汗をかく」というのはこういうイメージです。

先ほども話したんですが、その指南役と会えるかどうかということは人生において劇的な変化をもたらす起爆剤にもなり得ます。そのためには、足で稼ぎ、人に会うことが重要です。自分自身が動いていないと世界の全体像がわからないんですよね。広い世界に飛び出してみて、本当に授業がうまい人、本当にバッティング技術に卓越している人、一流の字を書く人とかに会わないと何を「お手本」にしていいかがわからないし、指南役とも出会えないので「稽古」になりにくいのです。すると、ついつい努力を積んでいるようで「作業」にすぎないことを繰り返してしまうという循環が起きてしまう。

もちろん、初任のときは、私も、ただがむしゃらに量を追っていました。方角で言ったら北が目的地に近づく進路だとするならば、南に進んだことも何回もありました。「どこに行っとるんだ」ということもたくさんあったわけです。こういう試行錯誤をするのが、ある種、初任のときというか、若手のときの特権だと思うんです。でも、そこで独善的になってしまったら永遠に道に迷ってしまうじゃないですか。だから、指南役というか、道しるべというか、その方向をまちがえないために人に会ったり、書物に学んだりすることが大事だと思うのです。「あんた、ちょっと方向ちがわんか」というのが、本を通じて大いなる声として届いてきたり、直接憧れの人物から言われたりしたら、「進路」が変わりますよね。

でも、最初から正しい道に進んでいなかったとしても、この回り道にもやっぱり意味がある。そしていろんな失敗や挫折を経験しながら、進路を確定していくことに熟練していく。成長とはそういうことだと思うんですね。

今でも、文章を書くとなっても授業するとなっても講演するとなっても、適切な方向にぴったり合うことはなかなかないのですが、北北西とか北北東ぐらいまでは合わせられるようになってきた実感があります。少々のずれは途中で進みながら変更できる。

でも、それが南に進んでいたらもう遠ざかるほかないわけですね。東とか西でもものすごい遠回りになったりするので、進路が合っているかみたいなことは、なんとなく体感でわかるようになってきました。すると、手繰り寄せる、向かう力というか推進力が出ますよね。初任の頃にたくさんの回り道を経験できたことも、ちゃんと進路を戻してくれる手本が身近にいてくれたことも、本当にありがたいことでした。

どこで汗をかくか

ただし、自分自身は決して従順な後輩ではありませんでした。簡単に言うと、結構生意気な初任だったと思います。先輩方と話しているときや、その他の学びの中でも「教師の中での常識は…」のような語り草がよくありますよね。「学校の常識を疑え」ではないですが、形式的にこれは大切だと、さもありなんとして語られることって本当に大切なのかなっていう疑問は、最初から思っていました。たとえば、三大形式主義とよく言われる「構造的な板書」「本時のめあて」、それから「授業の最初と最後の礼」。指導主事からされる指導のベスト3に挙げられるらしいですが、私は初任の頃から授業の最初と最後の礼をしたことがないんです。でも、それをしなくても子どもたちはすごく礼儀正しくなったりする姿を見たり、毎回授業の最初と最後に礼をしていてもものすごく荒れてしまっているクラスを見たり。比べるものでもないですけど、そうなったとするならば、そこに力を注ぐのは本当に是なのかということはずっと思っていました。

初めて公立学校で務めるようになったときにも、板書を特にしないで公開授業をしたら先輩方から「なんで板書をしないんですか」と言われたんです。多くの方はここでだいたいひるむと思うのですが、私は、次のように先輩に伝えました。

「板書は一つの方法とかツールにすぎないと思っています。もちろん、板書はあった方が有効な場合がありますよね。かたや、板書がない方がいい場合もあります。ないことによって子どもたちの思考が活性化したり、子どもたちの意見が膨らんだりすることがあるからです。今回の授業では、『ない方がいい』と判断したので板書をしませんでした。でも、板書が大切じゃないとは言っていません。板書が有効なときには、私も大いに活用します」という話をして、納得してもらったことがあります。「板書が命だ」「授業の礼は大切だ」と信じて疑わず、それが至上の価値をもつものだと考えるようになると、それを行わない人のことを簡単に攻撃してしまうことがあるんですよね。でも「しない」からといって「大切ではない」と受け止めるのは違うと思うんです。むしろ、大切に思っているからこそ限定的に使うというのはどこの世界にもあると思います。サッカーでフェイントに絶対の自信をもっているドリブラーたちも、毎回毎回フェイントをかけるわけではない。あえて使わず直線的なドリブルを仕掛けたりしつつ、ここぞの場面でフェイントを使うから、劇的な効果があったりする。音楽だってそうですよね。音がある世界を楽しむのも音楽ですが、音のない世界を楽しむのも音楽です。だから休符や間がある。ないことによってある世界が際立つ。音を奏でない場面があるからと言って、音を大切にしていないとはならないと思うんです。

もちろん、「ちがう」と思っても一遍やってみることも重要です。最初からこれはちがうなと思っても、ひとまずはやってみる。そういう素直さは、人とのつながりとか、縁をつくる上では大事だと思います。

若い頃に私は、それで結構大きな失敗というか、「これ駄目だな」とやりもしない内から決めてしまって損をしたことが結構ありました。端から切って捨てた中にすごくいいものが眠っていたときがあったのです。これは切らなければよかったと思ったこともあったので、ひとまずは受ける。自分がちがうと思っていても受ける。自分の中では答えがわかっていたとしても、あえて相手に質問してみる。これは、自分の失敗経験をもとに、後輩とかにも結構勧めています。自分がわかった気になっていたとしても、答えを知っていても相手に一回尋ねてみると、全然ちがう深さの答えが返ってきて驚くことがあるんですね。ちがうと思っていても一度は素直に受けたり、わかっていると思ってもあえて質問してみたり。これは自戒を込めていろんな先生に勧めています。

要は、セミナーだとか講演だとかの大きな舞台でなくても、やり方次第でいくらでも汗をかく経験はできるということです。そういう意味で、私が20代の頃に汗をかいたのはもっぱら職場において、です。目の前の子どもたちや職場の先輩方にものすごく育ててもらいました。ただし、無思考でただ言われたことをこなしていたりすると、せっかくの経験が単なる「作業」になってしまうことがあるので、「何のためにそれをしているのか」という目的意識や、「あんなふうになってみたい」と思えるお手本の存在はやはり大切です。いかに、日常の仕事の中で「稽古量」を増やしていくかということです。

汗のかき方は変化する

今となっては、同じことをやっていても、もう汗が出ないとか、そういう感覚はあったりします。体がそうなっちゃっていますから、同じことをしても、もう汗をかかなくなっているということです。

楽器も最初は指先とかが痛くてしょうがないのです。押さえるたびに赤くなってジンジンして。でも、しばらくやっていると指先が硬くなってくるんです。長い間一つのことを続けると、自然とそれ仕様の体になってくるんですね。学級通信でも、同じような現象がありました。最初は1枚を書くのに相当な体力と時間を使っていたわけですけど、次第に「書き続けること」に体が慣れてくる。1日5枚とか6枚とかを書くようになったときは、字数にすると1日4、5000字を書いていたんです。そうなるともうそのぐらいの量を書くのが日常になるんですよね。

最初に走ったときはめっちゃヘロヘロだったのに、一定の経験値を得ると、フルマラソン走ってもちょっといい汗かいたなぐらいになることがあるということです。文章を書くという一つのことをとっても、そのマラソンの例えのような感覚になったのは間違いないです。

つまり、汗のかき方は変わるんです。だから、以前と同じことはしたくないみたいなところがあって、新しい競技に臨んでもう一回初任者というか、新参者になって汗をかくルーティンを今でも取り入れ続けています。

先日、「20代のときについた差は永遠に埋まらない」というタイトルのラジオを聞いて、面白いなと思ったんです。30代とかになって、がむしゃらにやろうとしたら無理がたたるんですね。

20代、私がまだ結婚もしていないとき、無理がきいたんです。無理がきくときに無理をしなさいという話じゃないんですけど、がむしゃらにやれる期間に、熱を生むとか、熱を放出し切っておかないと、それがどういう価値を生めるのかということがわからなかったり、後からそれを取り戻そうとしても熱が生まれにくかったりっていうのがあるんです。やっぱり、その当時しかできないことがあると思っています。

私は、北海道の大学から卒業してすぐ奈良に行って、そこで勤め始めたんですが、北海道からいざ出ようというときに「あなた3年だけは絶対に帰ってくるんじゃないよ」と大学の教官から言われたんですよ。「途中で帰ってきたとしたら、私は今後何も教えないよ」とまで結構厳しく言い渡された感じがあったんです。でも、それは先生なりの愛が込められたメッセージだったなと今はわかっています。最初の3年間とか5年間とか、足掛けのところでどれだけ努力して熱を生んだかということが、後々の教師人生を支えてくれるわけですよね。やるべきときにやらなかったら結局、後々難しくなったり厳しくなったりする現状はどの分野でもあると思うのです。

たとえば若手のときは、子どもと年齢が近いです。それはアドバンテージなのです。子どもって若い先生というだけでうれしいのです。そして何より、若いときは汗をかきやすいんです。そのほとばしる汗というか、チャレンジングな姿勢も若い頃の大きな財産です。変わろう、挑戦しよう、と挑んでいる人の姿って、やっぱりかっこいいし見ていて応援したくなるし、共感を集めやすい。

でも、年齢が増していくとともに子どもたちとの距離は1年また1年と離れていくんです。この絶対的な距離感みたいなこと、離れ続けていく悲しい事実があるんですね。近いときはアドバンテージがあるからいいんです。少々粗削りで知識とか技が足りなくても若さがそれを補ってくれるわけです。それで、なんとかなっていたんです。

でも、そのアドバンテージがあるうちに、それがなくなったときの備えをしておくこともやっぱり必要だと思うんです。たとえば、中堅、ベテランになって「前と同じことをやってるのに今の子どもには響かなくなった」と、ものすごく憤慨している先生が時折いるんですね。しかし、それはアドバンテージがあるうちに技とか力を磨いておかなかった自分の責任だという見方もできるわけです。これは、かなり厳しい見方かもしれません。でも、アドバンテージがあった頃と同じやり方だからこそ、アドバンテージが失われたときにうまくいかなくなってしまったというケースを、私はかなりの頻度で間近に見てきました。さらにいうと、中堅ベテランの域にさしかかると、汗をかきにくくなっているんですね。ある程度の経験値を得たことによって、「これぐらいでいい」「これで大丈夫」のように、ある意味満足してしまっているような心境になりやすいということです。そういう「自分は足りている」という心持ちで、若かりし頃に成功した方法をそのままやってもやっぱりうまくいかないことの方が多いと思います。「チャレンジングな姿勢」や「精神的・年齢的な距離の近さ」という名のアドバンテージに守られていた頃の自分では既になくなっているからです。

だから、ひたむきに力を投下できるうちに基礎的な技や力には磨きをかけておかないといけないと思うのです。たとえば、料理人ならばまずは包丁の技術。それから調味料の「さしすせそ」だとか、どういうふうに使うだとか、こういうイロハのイを学んである程度磨いておく。そういう基礎の技術は、やっぱり磨き続けた方がいいんです。上手に切れた方がいいのは当たり前だし、味付けもそうです。盛り付けもそうですよね。提供のしかたもそうです。だって、毎日それをするんだから、うまくなった方が絶対いいのです。教師における「授業」も同じだと思います。毎日それを行うのだからこそ、作業ではなく稽古を経て力を磨いていく。

こういうことをなしにして、「包丁の技術なんて俺は学ばなくてもいい」とか、「『さしすせそ』なんて不要。料理は心だから」みたいな。こういうふうになっている料理人は、当たり前ですけどきっと大成しないですよね。

なぜなら、それは料理の世界の深部には迫れていないと思うからです。やっぱり、神は細部に宿りますし、細かいところにこそ、真実が詰まっているという意味で言ったら、授業技術の目線もそうだし、立ち位置もそうだし、話すときのリズム、テンポもそうだし、こういったところを突き詰めることって些細だけれどもすごく大切だなと思っています。

そして、ある一定値まで力を研ぐことができたら、それを「保つ」取り組みが必要になります。満足して研がなくなると錆びてしまうので、特に汗をかきにくくなった中堅ベテランにさしかかったときにこの意識が大切なんでしょうね。

時代に合わせた汗のかき方

先ほども話したように、私が若手だった当時は、極端な言い方をすれば本当に授業のことだけを考えて、うまくなっていけばよかったんです。そこに向かってひたむきに努力を積むことも、遅くまで学校に残ることも、認められていたし応援すらされていた。しかし、現代は様々な業務がどんどん増えてきていますよね。だから、私の初任時代と今の初任の先生の時代はだいぶちがっていて、求められる仕事の量も種類も多いのが難しいところです。さらに、そこにやってきた「働き方改革」によって、私が若手だった頃の熱を放出し切るような働き方は、世間的な風潮からはNGのように扱われています。若手だろうがベテランだろうが、ステレオタイプに「働きすぎは駄目」みたいな感じになってしまっているということです。だから、仕事へのいろんな向き合い方というか、多様性が許容されなくなっていますよね。勤務時間一つとっても、その内実は先生一人ひとりによって全然ちがうのに、一律に「残業を減らそう」「遅くまで残るのはダメ」みたいになるわけですよ。

だから、昔の私が「その働き方をやっちゃ駄目」と言われたら、どんな教師人生を歩んだんだろうって思います。そして、もし仮に、現代の令和において初任の教師としてスタートを切るなら、どのように汗をかく経験を生み出すんだろうとも考えたりします。きっと、すでに大きな流れの中で起きた変化に愚痴や文句を言っても仕方ないので、今の時代に合わせた「熱の生み方」や「力の研ぎ方」を実践するんでしょうね。

そういう意味では、今の若い先生がうらやましくもあります。今は会いに行きたくても会えない人とオンラインで会える時代じゃないですか。これは本当に画期的ですよ。

本の中でしか会えなかった人にテクノロジーが追いついて話せるようになったりして、すごい時代になったなと思っています。昔は、セミナーに出かけるために飛行機に乗って遠いところまで行って、それでも会話や質問をすることもできなくてそのまま帰ってきたり遠目に見ているだけみたいな時代でしたから、現在は関係づくりの第一歩を本当に踏み出しやすくなったと思っています。

足で稼ぐ

私は人と会うのが好きです。そして、ＳＮＳをずっと嫌っていたというか、避けていたというか、意図的に距離を取っていました。奈良県で勤めていた頃の同僚はいまだにそのことを覚えていて、「渡辺先生、ＬＩＮＥすらずっと入れなかったですよね」って言うんですよ。

ＬＩＮＥすら、なので、当然、FacebookもTwitterもそうですし、Instagramもそうです。私は、どれもやらなかったのです。どれもやらないでいたら、北海道に来てからある先生から「渡辺先生、お願いします。Twitter始めてくれませんか」と言われたんですけど、「私、ちょっとそういうの嫌いで今までもやっていないんです」と言って、私はそこでも渋ったんです。でも、その先生が「お願いします。日本の損だと思います。本当にお願いします。一生のお願いです」ぐらいに言われたので、これでやらなかったら悪いなという感じがしてきて、それで「Twitterを始めたのです。それが3年前くらいです。

結果的に、私の人とのつながりを大嫌いだったSNSが加速させてくれました。もともと人と会うのが大好きだったところに「Twitterのような間接的なつながりが生まれると、そこに増幅的な効果がもたらされるようになったんです。SNSをきっかけとして、直接会える方々が爆発的に増えたということです。

でも、根っこのところでは、どちらかというとSNSは今でも苦手で、人と会うことが至上の価値だと思っているのも変わっていません。なので、間に入っている増幅装置というか、支援システムというか、それがSNSだと思っています。最後は人とこの生身で会って、膝をつき合わせてしゃべるのが最高だと思います。

なぜかというと、最高の情報は人がもっているからです。これはもう間違いないんです。たとえば本って遅れて世に出てくるんですね。完成までに数カ月から1年くらいかかるのが普通なので。本が出てくる頃には、著者はだいたい先に行っているんです。だから、一番いい情報をほしいのならばその人に会うことが最上なんです。これは、ずいぶん前からそのことを感じていました。

でも、世界中すべての人に会うことはできないですし、24時間、365日と使える時間も限られているので、本という装置を活用するということです。こっちから行って会わないまでも、二次的資料でもいいので、その人の考えに触れて学ぶみたいな感じですね。

人と会うのが好きというのは理屈じゃないなと思うのは、うちの実家が教会だからということもあるかもしれません。うちは小さい頃から家族以外の人がたくさん出入りしていまして、そこには「斜めの関係」がたくさんありました。家族でもなければ友達でもなくて直接は関係ないのだけれども、家族みたいに近くにいるような存在です。その人たちからどれだけのことを学んだというか、感じさせてもらったかという経験は、言葉だけでは表現するのが少し難しいですけど、とても自分にとって豊かなプラスを生んでくれているように思います。だから、「斜めの関係」は今も好きですね。もう少し言うと、今みたいに少しずつ知名度が上がってきて周囲から求められるものが多くなればなるほど、私のことを知らない人と会うのが好きになってきています。こういうのがすごく豊かなのですよね。

どこの誰とも知らないけれど、あなたの話は面白いみたいな感じになって、居酒屋でたまたま隣になった人が人生相談をもち掛けてきて家に招かれて家族でみんな私の話を聞いてくれたみたいなことがあったりするんですよ。不思議ですよね。私が名刺を出していないのにそうなるのは、人となりを見てくれている感じがして、すごくうれしいんです。そこなのです。私は肩書とかで歩きたくないのです。その人と会ってシンプルに人として語らいたいなという思いがあります。

理想のイメージとしては、アマゾンの奥地に行って、言語も通じない現地の部族が槍を持ってウッと出てきたとします。当然名刺交換もできないし、肌の色も服の装いも全くちがう。でも、その部族の人が私をじっと見て「こいつたぶん敵じゃない。なんとなくいい奴だ」と思って槍を下ろすみたいな。こういうのができたら最高だと思っているんです。

これはもう唯一無二じゃないですか。でも、先生の世界って名前で通る人が多いのですよ。どこどこ大学のなんとか教授とか、どこどこ研究会で事務局長していますとか、何冊本を出してこういうことやってるんですと言って、ついついそうやって肩書きで通りがちなんです。その方が精神的に優位に立ちやすかったり、話を進めやすいというのはあるかもしれませんが、私はシンプルに「渡辺道治」でいきたい。どれだけＩＣＴツールが進歩したとしても、肩書きが通りやすくなってきたとしても、自分の足で歩いてその人と直接出会って語らう方が大事であり好きだというスタンスは、この後も変わらないと思います。さっきも伝えたように最高の情報は人がもっていますし、直接出会って語らうこと以上の学びはオンラインにも本にも存在しないと思っているからです。

選択をする、合わせる

「汗をかくことで犠牲にしてきたものはあるのか」という質問に答えると、

私は犠牲という観点では捉えていません。

たとえば私はディズニーランドに行ったことがありません。それに、周囲の人は結構驚くんです。なぜかと言うと、私がディズニーランドの本をたくさん持っているからなんです。さらに、ディズニーランドの授業とかも結構つくっています。ディズニーランドの語りとかもしますし、学級通信でも書くわけです。だから、周囲からは相当なディズニーランド通だと見られていたみたいで、だからこそ「行ったことがない」と話すとものすごく驚かれるんです。

それから、私は観光でどこかに行ったことがあまりありません。海外にも結構行くのですが、それも全部仕事で行っています。だから、観光で海外に行ったことがありません。そういう意味で言ったら、観光体験は犠牲にしているっていうのかな。でも、呼ばれた先々で、私の中では観光以上の不思議な体験というか、刺激的な学びというか、喜びに満ちた経験をしているので、そういう意味で言ったら旅はすごく豊かにしているなと思います。

だから、犠牲なのかと言ったらどうなのか。ディズニーランドには行っていないけど、そこに行っているぐらいのエキサイティングな体験はたくさんしていますよと答えるんじゃないかと思います。

とは言っても時間は有限なので、あっちもこっちもしたいとなったりすることがあるじゃないですか。私は今教師以外の仕事を5つぐらいしているんですけど、今朝も新聞記事を6本書き上げてきたところなんです。この仕事は3年前から続けています。毎月締め切りが来て、最初はその新聞記事を書くのも相当時間がかかったんですけど、最近はそのルーティンにも体が慣れました。最初は毎月毎月律儀に記事を提出していたんですけど、最近は何カ月かまとめて出す技を使えるようになったので、半年先ぐらいまで出したりするわけです。他の人は年に12回出したりするんですけど、私は2回とかで終わったりするんですね。量は変わらないんですけど、出すタイミングがちがうだけでまとめられたりするんです。こういうふうに仕事を工夫するのも、好きなんですね。

あと、講演に呼ばれたとします。そうすれば、家族との時間が減ったりするでしょう。

でも、これを両方ともやりたいと思っていたら、最近は家族ごと講演に呼んでもらえることが増えてきたんです。うちの娘はまだ小学生なんですけど、2時間の私の講演に結構真剣に聞き入っていたりします。そして、「今日の話とってもよかったよ、お父さん」と言ってくれたりするんですよね。札幌にいた頃の最後の講演会は、経営者の会に呼ばれたので出席者100人ぐらい全員が社長という会がありました。その一番前の席に小1、小4のうちの娘たちがちょこんと座ってて、他の経営者が涙したり、うんうんうなずきながら聞いているのを一緒に聞いているわけです。お父さんはこうやって仕事してるんだよ、こうやっていただいたお金でわれわれは暮らしているということを見せたり、今は学校でも私の働く姿を見てもらっています（勤務している学校に娘たちが通っているということ）。だから、どっちか片方だけを選ぶのではなく、合わせたり重ねたりすることもできるということに気づけました。

片方だけを選んで、もう片方をあきらめるではなくて、ディズニーランドに行きつつ講演もするみたいな、そういうイメージです。両方好きだとするならば、ですよ。私は講演をするのも家族と過ごすのも好きだから合わせられる。こういうことが起こせるようになってきたら、どっちかしか取らないと駄目という選択肢はそれほど多くないんだなとも思っています。

第3章

恥をかく

本気で行動する

子どもたちに「成功の反対は何？」と聞くと、間違いなく「失敗」と返ってきます。「本当に？」と聞くと「いや、そうでしょう」と。じゃあ「失敗の反対は成功なの？」と聞くと「うん、そうだよ」と言います。

「折り曲げの法則」という言葉があって、だいたい極端な位置にあるものは似通っていて、本来は近いものであるという考え方が存在します。なので成功と失敗は非常に近い概念であると。1本の直線をイメージしてもらえばいいのですが、端っこに成功があって端っこに失敗があったら、これをパタンと折り畳むと成功と失敗は重なります。本当の反対は、ここ（折り目）にある。パタンと畳んだ折り目には何があるかというと、「何もしない」「行動を起こさない」ということです。失敗も成功も行動した一つの結果ですよね。だからすごく似ています。私はよく双子だと表現するのですが、行動した結果、失敗することもあるし、行動した結果、成功することもあります。だから失敗と成功は紙一重で双子みたいな存在なんだよ、とよく言うんです。

この折り曲げの法則の話で言うと、ファンとクレーマーも紙一重と言ったりします。ファンとクレーマーにはどのような共通性があるでしょうか？

そう。つまり「興味」があるんですよ。だから本当の反対は「興味なし」なんです。そういうふうに考えると、私はたぶん「失敗の価値を知る」ということが、「恥をかけ」という言葉には含まれていると思います。つまりは、「行動せよ」ということです。行動を通して、成功なり失敗なりを経て成長していくんだよということだと思うんですね。もっと言えば、成功だけでなくいかに自分の中に失敗のレパートリーを増やしていくかということがとても大切だと思っています。世の中に絶対的な成功法則はほとんどないですけど、失敗法則は確実に存在するんですよね。この局面でこのような対応をすると間違いなく失敗する、のような失敗法則が。だから、その失敗の経験値を増やすということがその道で大成するためには必須だと思うんです。

もちろん、どんな失敗でもいいかといえばそうではありません。それこそ私の大好きな漫画である『宇宙兄弟』の中にピッタリの言葉が載っていました。

「本気でやった場合に限るよ。本気の失敗には価値がある」

ものすごく悔しくて夜も寝られないぐらい自分の心の中で葛藤が起きて、何であんなことになったんだと。でも、こういう失敗には価値があって、次に挑んでいく、チャレンジしていく力が湧き起こってくる原動力にもなるんですよね。

「この世は行動の星」とも言われますが、行動しないことには成長がないという原理原則があります。しかし、「失敗が格好悪い」という雰囲気が蔓延していると、人は行動を恐れるようになります。そして行動をせずに安定や安全を求めるようになったりするのですが、これは今の学校にも昔の学校にもすごく共通しているなと思っています。失敗を過度に恐れることによって、行動自体が減っていくと、成長できるチャンスも同時に減っていく。

ちなみに私は「汗かけ恥かけ文をかけ」の中であれば、恥をかくことだけは得意でした。つまりそれは、行動することが得意だとみることもできます。間違いなく、その「数」だけは絶対に多いと思います。ですから私は、周りの先生より数多くの失敗を経験している自信だけはあります。おそらく5年目までのキャリアの中で、私は失敗している数で言えば、とんでもなく多い方だろうと思います。失敗した数が多いということも成功した数が多いということも、どちらも「行動した数が多い」ということの一つの結果です。その中で、「本気の失敗」をいくつも得られたことが、自分自身の中では大きな宝となっています。

多いはずです。

「恥をかく舞台」を自分でつくり上げていく

「恥をかく」経験には「緊張」や「恥ずかしい」という感情が伴うことが多いはずです。

私も、かつてはものすごく緊張する方でした。勤めて2年目に全校の代表として研究授業をしたときのことは特によく覚えています。部内研や学年内などで公開するレベルではなくて、全校の先生がみんな集まって授業を見に来る。他のクラスは全部自習。私の授業を通して全校の授業力や教材研究の質を上げていこうという研究の仕方です。それは1年に一度ぐらいしかしない機会なんですが、それに私は2年目で挑戦することになりました。

今でもよく覚えていますが、社会科の工業の単元で自動車の研究授業をやりました。もう興奮して、高ぶってしまって緊張もありますし、前日も3時間ぐらいしか寝られなかったんですよね。授業本番のその日、私が学校に行ったのは朝の4時ぐらいだった記憶があります。まだ日が昇っていないんですよ。でも家にいてもすることがないから、とりあえず行きました。そのときは一つの授業をつくるために、本だけで言えば、決して言いすぎではなく100冊弱買いました。だから私は自動車の本だけで山ほど持っているんですよね。本代だけでも相当かかりましたし、エンジンの模型なんかもアメリカから取り寄せました。ピストン運動が回転運動に変化していく構造をどうしても見せたくて、でも国内にはいいものがなかったから海外から取り寄せてつくって子どもたちに見せたんです。授業でその模型を見せたのはほんの一瞬だったわけですが、そのわずか数秒のためだけに買いました。そうしてたった1時間の研究授業を行ったんですが、熱をかけて取り組んだだけあって、やり切った後の達成感や高揚感はとても大きいものがありましたね。

緊張する舞台や場面をくぐることによって人の力は劇的に伸びるといいますが、こういうものを幾度となくくぐってきた経験は、今の私の仕事にものすごく影響していると思います。

その研究授業のとき、私は指導案も１００枚弱書きました。「圧巻指導案」のような文化があって、今思えばもっとコンパクトにまとめろよという話ですが（笑）、とにかく書いて書いて書きまくった。23歳の当時の自分は、「圧倒的なものを出したい」っていう思いが強かったんです。周囲の期待を大きく突き抜けたいと思っていたので、期待通りから期待以上、さらに期待以上を大きく超えたら何が起きるかというところにワクワクしていました。そうやって、研究授業のときも追い込むだけ追い込んで、最後はワクワクしながら授業をしたんです。期待値をどれだけ上げてしまったとしても、本番を迎えればなんとかできるだろうという不思議な自信がありました。

セオリー通りだとか、言われた通りにやるのが、私は人間ができていないのでしょうね、あまりしたくないんですよ。なので言われた通りに板書してというのも全然したくなかったですし、言われた通りの教材の提示の仕方も嫌でしたし、私は私でやりたいという反骨精神は大学生、高校生のときからあったかもしれません。そういう意味で言うと、後輩や初任者の姿勢としてはあまり褒められたものではなかったはずです。

先ほどのエンジン模型の話で言うと、子どもたちが全く見たことのない、体験したことのない部分を見せてあげたかった。エンジンのシリンダーで気化させたガソリンに引火させるとバンッと爆発が起きて、それがピストンの直線運動になります。直線運動がうまく変化して回転運動になってホイールが回るのですが、これを見たときに自分自身が感動したんです。この感動を子どもたちにも伝えたいと思ったんですが、子どもたちに「ピストンの上下運動が回転運動に変わって…」とどれだけ上手に口で説明したとしてもきっと理解できない。でも本物を見せることで一気にわかります。この授業の肝はエンジンだったので、エンジンの話でどうしてもわしづかみにしたかったのです。

もちろんそういうエンジン模型を授業に活用する実践などは見たことがなかったです

し、先輩から何かの助言をもらったわけでもありません。そんなふうに大きな舞台で他の人がやっていないようなことをすると、当然緊張の度合いは増しますし、失敗もしやすくなる。でもそうやって得た上質な「恥をかく」経験は、やはり代えがたい経験だと思っています。

挽回のチャンスを逃さない

私はいまだに大きな舞台に立った後は、自己反省会をやっています。だいたい「鉄は熱いうちに打て」で、オンラインセミナーでも、Ｚｏｏｍを切った後に即反省会をしています。こんなことを言うと奇妙がられるのであまり言ったことはないんですが、自分に対して、「あのときの語りはなぜ…」とか「このコンテンツの動きはもっとこうできた」とか、葛藤やら反省をすること、これは今もありますね。

大きな舞台と言えば、飛び込み授業で初めて私が行ったのは高知県でした。初めて出会う子どもたちにいきなり授業をするという形式のものに、初めて挑んだ経験です。当時、私は30歳ぐらい。授業には私を招いてくれた校長先生や大学院生の方々、現職の先生方、それからプロの落語家の方もマネージャーさんと見に来てくださいました。落語家の方とはその晩に飲んだのですが、「渡辺先生のせいで怒られた」と私に話してくれたんですね。「どうしたんですか」と言ったら、マネージャーが「本物のしゃべりっていうのは、ああいうことを言うんだ」「もっと鍛えんかい」と怒られたんだそうです。「ああやって人の心をつかんでいく語りが落語でもできなあかん」と言って、年下の女性マネージャーから怒られたと、笑いながら話してくれました。

そんなふうに周りからは授業を非常に絶賛してもらったのですが、私としては終わった瞬間に大反省会が始まっていたんです。あの場面でなぜこれをしなかったんだとか、もう二度と返ってこないチャンスへの葛藤だとか、逃したチャンスへの自分自身への失望が出てきました。授業が終わって控室に入ってからノートにぶわあと書き殴った記憶があります。そのノートは今もちゃんととってありますね。

そんなふうに周りから見られる評価と自己評価という意味で言えば、いつも自己評価の方が低いです。なので、そういう意味で言うと、結構へこんだりすることも少なくありません。

特に、自分のパフォーマンスに対する評価はいつも辛いです。周りの人がどれだけ褒めてくれても、必ずそれより低いです。でもへこんでいる間もなく、次の登壇がすぐに来たりするので、そのときに「必ずリカバリーする」という感じで舞台に臨んでいます。

日々の授業でもそうです。よかったところも悪かったところもあって、それでも次の日の授業がやってきます。悪かったところをなんとか改善したいと思ったら、いつもすぐに行動を起こすようにしています。例えば語りやしゃべりやリズム、テンポがいまいちだなと思ったら、すぐに音源を聞いてシャドーイングで練習を始めます。もう少し口筋をある程度緩めたところから入らなければ駄目だったなとか、水分の取り方も考えます。しゃべっている途中にどれぐらい給水するかなど、いろいろ試して自分の中でのベストパフォーマンスができる条件はこうだったなと確定していきます。そのベストパフォーマンスを生む条件も、年齢とともにまたずれていくものなので、永遠に狂い続けるのですが、それをなんとか合わせよう、整えようと、結構水面下では力を注いでいますね。それぐらいしないと、失敗をリカバリーしたり、改善を生み出していくことって難しいと思っています。

期待以下か期待通りか期待以上か

仕事には必ず、期待以下か期待通りか期待以上に分類されると思います。期待通りもそうですよね。期待以上になると喜びや感動が生まれて次なるチャンスが巡ってきやすい。期待以下だと信頼を損なったり、仕事が入ってこなくなったりすると思うのですが、私は期待以上にするのが好きなので、可能な限りそこを狙って仕事をします。期待以上を狙って自分の中であまりうまくいかないこともあるんですが、そんなふうに期待以上を狙っていった仕事が相手の期待以下になることは、ほとんど起こり得ないと思っています。少なくともここ10年ぐらいは自分の中では感じたことがありません。そして、期待以上の仕事をするためには、どこかで新境地に挑む必要があると思っています。相手の想定通りの仕事をするだけでは、期待以上を達成することは難しいからです。

それからよく感じているのが、以前にやったからこんなものだろうと安パイを放るというか安全な投球をして打たれたときほど恥ずかしいことはないということです。授業でも講演でもそうですよね。前にうまくいったことを踏襲して失敗するような瞬間が一番恥ずかしいということです。力を加減して安全策を打ってそんなふうになるならば、そのときに出せる全力投球をすべきだったという経験は何回かありました。今もそうです。だから慣れなんて永遠にないんだろうなと思っています。中途半端な投球をして打たれたときが一番恥ずかしいですし、それこそが本当の「恥」だと思っています。

新天地で恥をかく

私は学校を2つ辞めて今は愛知県の瀬戸ＳＯＬＡＮ小学校で勤めています。奈良で勤めて11年、札幌で勤めて5年、そして現在が愛知県です。公立小学校でいうところの転勤はしたことがなくて、転職を2回経験しています。そして、新天地に行くたびに今までの経験では通用しないような大きな壁を経験してきています。

どんなことでも未体験のことは最初ですごく熱量を使います。でも1回やれば、2回目は、それほどの熱量ではなくてもできます。いわゆる「慣れ」が生じると思うんです。慣れが生じると熱量はほんの少し下がるわけです。なぜかと言うと、ある程度、成功への道筋が見えたり、こうしたらいいなということがわかるからです。これをずっと続けていくと熱量も下がり続けて、慣れがどんどん高じてしまって、安全なことしかしないようになるのです。そうなると力や技は少しずつ錆びていってしまうんですよね。だから、新しいことに取り組んだり、力や技を磨き続けようと意図的に努力をしないと、力は下がり続けるというイメージをもっています。

なので、緊張場面や新境地に挑む場面を意図的にくぐるようにしています。経験を重ねて失敗しにくくなるということも大事ですが、うまくいきやすくなって「あぐら」をかくようになって、そこにずっと乗っかり続けていると、若手の頃はそれでよくても、アドバンテージがなくなってきたときに通用しないということが起きてしまうんですね。だから20代の最初の頃にできていたことが、30代や40代になってアドバンテージが失われてできなくなることがあります。だからこそ恥はかき続けた方がいい。つまり行動し続ける。変化を恐れない。変わり続けようとすることで、私は力を保てる部分があると思っています。

第4章

文をかく

ぼすのか。

書いて書いて書きまくる

「文をかく」ということが、どのように教師の力量形成に大きな影響を及ぼすのか。

教師は基本的に「伝える」仕事だと思っています。もちろん引き出したり、見守ったり、大切なコマンドはいろいろあるのですが、「言葉」はいろいろなときに使います。あらゆるときに使うと言っても過言ではありません。その言葉の使い方や届け方を磨く上で、「文を書く」行いはものすごく豊かな経験値を与えてくれると感じています。

私は、初任の頃に保護者の方から言われた衝撃的な一言があるんです。それは、1学期の終わりの懇談会でのことでした。あるお母さんから「できれば、学級通信をもっと書いてほしいです」という言葉を言われたんです。

そのときの号数もちゃんと記憶しています。1学期の終わりで13号。大体、1週間に1枚くらいのペースで発行していたことになります。もちろん、校内には学級通信を書いていない先輩の先生も結構いましたし、初任者で一応毎週発行しているわけですから、私の中ではむしろ結構発行している方だという認識だったんです。

もちろん、そのお母さんもクレーム的な言い方ではなく、「先生の通信をもっと読みたいので、もう少し多く書いてもらえるとうれしいです」といった優しい言い方でしたが、私にとってはこれがかなりの衝撃でした。期待以上どころか、期待以下になってしまっていたわけですから。これがすごく恥ずかしかったのです。しかし、私は文を書くことが結構苦手でした。そのときは1枚を書くのに数時間かかっていたこともザラだったと思います。ですから、書くことに対して抵抗感すらあったんですね。

でも、そのお母さんの言葉のおかげで奮起することができました。シンプルに量が足りていないわけだから、誰の眼にも明らかなくらいその量を増やしてみようと思ったんです。そこで、目標を立てることにしました。同じペースで出し続けたら、たぶん年間50枚くらいで終わりそうだったので、だったら切りのいいところで倍くらいの100かなと。なので、2学期以降で、もうシーズンの3分の1は終わっているのですが、残り3分の2であと87枚。ちょっと馬力を上げてターボをかけて、ここから書いていったらたぶん期待以上になるのではないかなという簡単な目論見で目標を立ててみました。

でも、そこからの87枚はなかなか大変でした。13枚ですらかなりの力を注いで一生懸命書いていて、1枚に数時間かかっていた人間が、そこから一気に87枚ですから。2日に1通ぐらいは書かなければ目標には到達しません。でも書くスキルもなければ、インプットしている言葉や知識もまだまだ足りていない。だからないところから絞っている。カラカラの雑巾を力いっぱい絞っているようなイメージでした。

でも書きました。書いて書いて最終日に１００枚までなんとかいけたんです。私の中では結構な達成感がありました。

その後、春休みに校長先生が食事に誘ってくださったんです。2学期から奮起して通信を書き続ける姿を見ていてくれたみたいで、焼肉屋に連れて行ってくれて、労ってくださったんです。「1年目でここまで書くことができるなんて素晴らしいこと」「先生の努力は、ちゃんと見ていましたよ」と言って、たたえてくれました。身近な人からがんばりがたたえられるのは、こんなにうれしいことなんだなと思いました。

そうやって1年目を終えて、じゃあ2年目はどうしようかとなりました。数の目標を定めるのは、私の中で手応えを一つ感じたところだったので、ここはもう少し継続してみようと思いました。努力の方向が合っているなという手ごたえを感じているときは、少しずつ負荷を強めていこうと。自分という人間はまだ書くスキルもなければ知識も足りていないけれども、何か明確なゴールをつくるとそこまでがんばる人間らしいということもわかっていたので、もう少し数値目標という具体的なゴールを掲げようと思いました。自分というロボットは、どのように操作したら動くだろうかという視点で書いている自己啓発の本がありますが、それと似たような感じで、「渡辺道治」という人間はおそらくこうしたらこうなるだろうと、どこか離れたところで自分を見ていたと思います。

そういう思考の末、2年目は倍の数字を目標にしようと思いました。1年目に100号書けたので2年目はは200号。簡単な計算です。年間登校日数は200ちょっとあるので、日刊発行にすればシンプルに達成できる。1日1枚、わかりやすいですよね。もちろんそれまでに達成したことはありません。未体験です。未体験だからこそやる価値があるなと思って、1日1枚の発行を目指すことにしました。

インプットとアウトプット

1日1枚の発行に取り組んでみると、相応のインプット量がないと書けないことが改めてよくわかりました。1年目では何日かに1通でよかったのが毎日書くとなると、インターバルがありません。つまり、日常的に情報を入れ続けていないと書けないということです。この辺りから、休みの日にもよく本を読むようになりましたし、セミナーでも通信を出すことを前提で受けたり、人の話もアウトプット前提で聞くようになりましたね。入れている最中に出すことを考えている感じです。インプットの最中からアウトプットを意識するようになったのは、この2年目ぐらいだった気がします。それでようやくコンスタントに書けるようになって2年目は214枚の通信を発行しました。枚数も1枚も違わずハッキリ覚えているのは、それだけ熱を発しきっていたのでしょうね。

去年まで1枚を書くのにも息切れしていたのに、今年は214枚の通信が書けた。大きな成長感がありました。では続く3年目はどうしようかとなったときに、まだまだ自分の中ではスキルも知識も足りていない、でも今はいい感じできていることはわかっていたので、さらに負荷を強めることにしました。この方向で伸ばしていけば、まだまだ力がつきそうな感覚があったからです。もう一度追いこもうと思って、3年目の目標は前年度は200だから、その倍で400にしてみました。単純な「倍々計画」です。シンプルに1日2枚書けばいいと、自分に言い聞かせました。

でも、この3年目が一番きつかったのです。1枚がいけたから2枚もいけるだろうと思いましたが、そんなに単純なものではありませんでした。1枚発行と2枚発行の何が大きくちがうかというと「継ぎはぎ」スタイルの通信が発行しにくくなったことがあります。それまでに書いていた通信は、1枚仕上げるのに2トピックや3トピックで紙面を構成していました。要するに紙面が埋まらないときは合わせ技で別の記事を少し入れて、なんとか最後の紙幅の帳尻を付けて1枚仕上げることができたんです。でも2枚になると、それができません。2枚の通信の中に5つや6つもトピックがあると、盛りだくさんすぎて読んでいる方が疲れてしまいます。だから「1トピックで長文を書ける力」がないと駄目だと気づきました。たった一つの事象について、いろんな角度から見たり、多彩な考察ができなくては、紙面は構成できません。だから1トピックでロングの文章を書けるというのが自然と課せられたのですが、私はそれを想像していなかったのです。

そのルーティンに慣れるまでには、相当な時間と体力が必要でした。後にいけばいくほど1トピックで2枚書くような通信が増えてきたことからもそれは明らかだったと思います。一つの事象をいろいろな視点から見て、それを膨らませていったり、自分の分析を加えていくことが3年目でできるようになってきた。このように話すと言葉の聞こえはとてもいいですが、まあこの3年目は大変でした。今までの教師人生の中で、これほど書くことが酷だったことはありません。

そうやって、最終的に1年間で４４６枚を書きました。もうこれ以上は絶対書けないというくらいの厳しい負荷でした。やり切ったと思えましたし、そのクラスが初めての卒業生だったこともあり、自分の中ではこれで学級通信についても一つの区切りができたなぁとも感じていたんです。涙涙で最初の卒業式を迎えて、最終号の４４６枚を読み上げるときにもまた泣いて。

大きな充実感と達成感があったので、春休みに「もういいかな」とどこかで思ったのですが、４４６という数字がどこか中途半端な感じがしたんです。

そのとき頭に浮かんでいたのは「あと54枚書いたら５００枚だったのか」という考えでした。５００という大きな山の頂《いただき》が見えたことがどうしても頭に残ってしまっていて、富士山の頂上手前で登山を終わったようなイメージすらありました。「あとたった54枚書いたら５００というとんでもない世界が見えたのにな」「そのてっぺんに登ってみたいな」「もう1回挑戦すればいけるんじゃないか」と思ったのです。

あれだけしんどかった、限界に思えた４４６枚からあと54枚、高みを目指して５００を目指したいと思ってしまいました。

それで4年目の目標は５００にしました。ここまでくるとばかですよね。ちなみにタイトルは迷わず「てっぺん」にしました。

チューニングする

この3年目4年目の辺りから不思議な現象が起きてきて、保護者の人からたくさんの反応が寄せられるようになりました。そこまで私は「量」を書くことを意識して書いていてきていた。いわば「出したい情報」や「伝えたいこと」ばかり書いていました。でも3、4年目あたりで、400枚、500枚書くようになって、保護者の方からお便りをいただくことが増えてきて、それこそ長文の感謝の手紙をいただいたときに、自分の思考が変わってくるのを感じました。今までは伝えたいことをシンプルに伝えるスタイルだったのが、「届けたい」という気持ちが少しずつ出てきたんです。なぜかというと、保護者の方の反応がコンスタントに返ってくるようになると、何でこの号は響いて、この号は響かないんだろうという疑問が浮かぶようになったからです。書いている私の実感としては、「この号は絶対に大きな反響があるだろうな」という号にまったく反応がなくて、それほど力を入れずに書いた号にものすごく反応が返ってくることが度々ありました。すると、やはりこのちがいは何だと考えますよね。この辺りから、書いているときに「相手が浮かぶ」ことが増えてきました。あの子のお母さんがこの文章を読んだときに、きっと心に響くのではないかなと、考えるようになったということです。もちろん、すべては予想です。でもお母さんの目線で見たら、ここがうれしいだろうな、ここに登場するこの子は、この言葉を一生大事にするのではないかなと。渡された方から見て、「ほしい言葉」。今まで伝えたいものを渡していたところから、相手がほしいものを想像して渡すように変わっていったのが、この3、4年目あたりでした。数を追っているうちにアウトプットの仕方が変わってきたんです。

「文をかけ」というのは、そもそもただたくさん文章を書きなさいということではないんだなと、最近思い至るようになりました。文を書くと必ずそれは誰かに届きます。でも届いた言葉を相手が受け取ってくれなかったり、響かなかったり、逆効果になることってたくさんあるんですよね。「文をかけ」というのは、相手がどのようなことを欲しているか感じるための「チューニング能力」というのでしょうか、相手にチャンネルを合わせていく力を磨くことが、文を書くことの一番の価値なのかなと今は思っています。

なので、今書いていても常に、何なら書いているときに自分のことはあまり考えていなくて、相手はこの言葉とこの言葉がうれしいだろうなと思って書いたり、しゃべったりしています。

2章で、「作業と稽古」という話がありましたが、稽古は必ず他者からフィードバックがあります。指南役からの指摘やアドバイスが入って、そこを修正しながら進んでいくという感じですね。私が書いていた学級通信では、フィードバックとして保護者や同僚の声があったし、子どもたちのリアクションもあったし、これが大きかったです。誰からもフィードバックをもらえないと、「作業」になりがちだと思うんですね。常に見られているところでアウトプットし続ける。その中で積み重ねたからこそ、５００枚という数字にも意味があったのかなと思っています。なので、数を追っていく中で、作業ではなくて稽古だったのがすごくありがたかったと感じています。それが技につながったのかなと思っています。

ある保護者の方は、「この号を私はこの後の人生でもずっと大切にもっていると思います」と言葉をかけてくれたこともありました。「中学校から先でも子育てに迷って悩むことがたくさんあると思うんですけど、そんなときはこの通信を読んでもう一度思い切り泣いて、それからまたがんばって子育てしようと思います」と、卒業のときに言ってくださるお母さんがいました。

最初は、書いた文章は「ちゃんと相手に伝わる」という前提で書いていました。でも、世の中は、コンテンツやテキストが目に飛び込んでいるけれど、心までは浸透していない情報の方がずっと多いですよね。情報はわかる、意味もわかる、理解もできる。でも芯までは入ってこない。だから入り口の所ではねのけてしまっている。これは届いていません。いわば門前払いです。心までの侵入が防がれている。

しかしながら、せっかく書くのだから届かせたいですよね。でもこちらが伝わるという前提に立っていると、その傲慢さが邪魔してなかなか相手に伝わりません。反対に「伝わらない」という前提に立っていると、「伝わったらいいな」「どうやったら伝わるだろう」と工夫や努力が生まれます。しかも、伝わらないという前提に立っているから、伝わったときにこちらが、「ちゃんと伝わった」「届けることができた」と感動すら覚えるようになります。

前提を変えるという意味でいうと、学校は美しさや正しさにかまけて伝える努力を怠ることが結構あると思っています。よく聞く「みんな仲良く」は美しすぎる言葉ですし、正しすぎますよね。でもこれがいかに難しいか、例えば、職員室でみんな仲良くできているでしょうか？　大人ができていないのに子どもたちには、さも美しくも正しい言葉を平気で投げ続ける。その上で、何でみんな仲良くできないのと叱ったりもする。これはよくないと思います。

だから前提を変えることがここでも大切になります。美しかったり正しければよいというところから、きちんと卒業したい。むしろ、美しすぎたり正しすぎるからこそ、子どもたちに伝わっていないケースはたくさんあります。正しいだろうと投げている球を、向こうは全然受け取っていないわけです。美しいからちゃんと受け取れと声高に言っても駄目です。でも、これは美しいなと、その子が思ったら届きます。なので、芯まで響く言葉にする必要があると思っていました。渡したいものをそのまま渡すのではなくて、相手がほしいものは何か考えて工夫して投げるから、結果として届きやすくなるんだと思うんです。学級通信を書き続ける中で、そうしたチューニング能力の大切さをはっきりと感じるようになりました。もちろん、純粋に「書く能力」といった意味でも、4年目を迎えた私は初任の頃とは比べ物にならないほど、速くたくさんの文章が書けるようになっていました。最初は数時間かかっていた通信が、10分くらいでB4 1枚くらいなら楽に書けるようになったのもこの頃です。

スタンスを変える

先ほど4年目の500枚までお話ししました。5年目からは目標を変えました。それまでは自分の発行する量を増やそうという目標だったんですが、その年からは返ってくる数を増やそうとしました。保護者からの感想のお便り100枚が返ってくることを目指し始めたんです。この目標は大変です。こちらが書いた枚数ではなくて相手に委ねているわけですから。でもこれができたらすごいだろうなと思って、つまり、書くスタンスを変えたんです。

その年に発行した量はぐっと減って188枚。その188枚の中でも、それまでにできなかったことにたくさんチャレンジしました。たとえば、たった一人に宛てて紙面ぜんぶを使って通信を書く「一人一枚通信」をやりました。卒業直前になったときに、クラスの一人ずつに向けてB4にびっしりとメッセージを書いた通信を渡していったんです。これは1日では絶対に書けないので、冬休みから用意していました。それこそ1枚に2、3時間かかるように、またここで初任者の頃のような形に戻るんですよね。簡単に言えば、その子への「ラブレター」です。あなたのこういうところがステキだと言い続ける。でも、これはいいことばかり書いても駄目です。2年間、一緒にクラスで過ごしてきたから酸いも甘いもというか、ダメなところもたくさん見ているわけです。その描写をしつつも、それでもあなたは素晴らしいと伝える通信が書けるかにチャレンジしたんですね。それは、「文を書く」の経験の中でもひときわ難しいものでした。そこまでに、400や500という数を追ってやってこなかったら、きっとできなかった実践だったと思います。アウトプットのバリエーションというか引き出しをたくさん増やしてきたこともそうですが、「豊かな反応が相手から返ってくる」という目標に徹してやった1年だったからこそ、「一人一枚通信」を最後に全員に書き切ることができたんだと思います。

「あの通信を心の糧にして、指針にしてずっとやっています」と、今もその卒業生たちから言われたり、「もう大きくなったのですが、あの子はずっとあの通信を持っていてね」という話を保護者の方から聞くこともあって、「伝えるより届けること」がいかに大事であるかを、その子たちから教えてもらったように思います。

私はそこから発行する量ではなく、豊かな反応が返ってくることを目標にしてきたので、数の目標はしばらくやめていたのですが、ある年に転機がやってきました。奈良から札幌に移り、仕事量でいえば最も多くの量が課せられた教職14年目のことです。前年の5年生時に大きく崩れたクラスの担任を6年生で受けもつことになりました。研究主任、初任者指導担当、ユネスコの代表として中国に行ったり、JICAのプロジェクトでラオスやベトナムに渡って教材開発など。さらに、専科による指導がなかったので、

6年生でも月曜のはじめから金曜の終わりまで出ずっぱりでした。この幾重にも大きな仕事が重なる中で、久しぶりに「渡辺先生、思い切りやってください」と言われたんです。荒れたクラスをこの状況で立て直すのは並大抵のことではないと周りの方も思ってくださっていたみたいで、学級通信についても「遠慮なくどんどん出してください」という感じで声をかけてもらいました。

これは、主任職をやるような年齢になってからは考えられない言われ方でした。若手の頃とちがい、主任職などを任されるようになると、自分のやりたいことは100パーセントはできなくなります。それが自然なことなんですが、このときばかりは特別でした。校長先生からも思う存分やってほしいというふうにも言ってもらえたので、久しぶりに全力で挑戦してみようと思いました。

今、フルスロットルにしたらどのぐらいの量が書けるのだろうと純粋な興味が湧いたんです。4年目に書いた通信が「てっぺん」で、14年目が「花は咲く」というタイトルでした。10年のときを超えて、今フル稼働したらどのぐらいになるだろうとやってみて1年を走り切ってみたところ、最終的に発行量は1001枚になりました。この年、保護者の方からいただいたお便りも約200通。「文を書く」ということに対して、教職人生のステージによっていろいろ書くスタンスや目標は変えながら進んできたわけですけど、それでも一度たりとも書くことはやめませんでした。そうやって続けてきたことが少しずつ花開いてきたことを感じたのがこの頃でしたね。

第5章

学級と授業を磨く

特別支援と学級経営

特別支援は教育における学びを深めることは、学級経営の肝だと私は思っています。荒れたり崩れたりする教室では、特別支援対応に関する技術や知識が不足しているケースが非常に多いんですね。一方で特別支援を必要とするお子さんは増え続けているし、必要度はどんどん高まっている。教師にとって必須の知識だし技術だと思っています。

私が1冊目に書いた『学習指導の「足並みバイアス」を乗り越える』（学事出版）という本は、それこそ特別支援教育関係の方から大きな反響があったんですね。「学級担任、通常担任の方でここまで特別支援のことを学んで磨いて、しかも学級経営に生かしているというのは、本当に初めて見ました」と。この前大学の教授になられた郡司竜平先生という特別支援がご専門の先生からも同じようなコメントをいただきました。

ここまでの話で研ぐということにも少し触れましたが、特別支援の対応を学ぶことはまさに自分の磨き砂であり、研ぎ石といってもいいんだろうと思っています。今までそういう支援の必要な子たちとの出会いを通じて、私は力量を培ってもらったな、育んでもらったなと思っているので、これを抜きには自分の教師人生は語れません。

毎年のように荒れているクラスを担当させてもらっていたので、必ずいるんですね。そうした特別なフォローが必要な子どもたちが。ついつい暴力をふるい続けてしまう子や、こだわりが強くて、特定の活動に対して極度の苦手さをもっている子をどうするか。後は飛び出しや離席。さらには衝動性が強くて、思ったことをすぐ口に出してしまう子にどう対応すればいいか。

こういうことを知らないと、結局注意とか叱責という力の指導一辺倒になってしまったりするわけです。さらに誤った対応を続けているとその子との関係が崩れるばかりか、他の子との関係も悪くなるんです。誤った対応をしている教師の指導をクラスの子どもたちはみんな見ているからです。

最近出した『生徒指導の「足並みバイアス」を乗り越える』(学事出版)という本には、私にとってすごく印象的だった、20代のときにもったクラスにいた子のことを書きました。その子は、2学期の途中に3週間だけ転入してきた子で、その短い期間の中において私はものすごく自分自身を磨いてもらったなという感覚を強くもっています。そのときのエピソードを、かなり詳細にその本には書きました。

読んでもらったらわかるのですが、その子は本当にすごかったんです。その子一人の登場によって、クラスの状況は一変しました。それまで学級経営はすごく安定していたんですよ。でもその子は、ものも投げれば奇声も上げるわ、飛び出すわ、いなくなったら先生方数人で探しに行ったり。そんな感じだったのです。勉強にも極度の苦手さを抱えていて、文字もなかなか書けないぐらいの状態でした。そんなふうに教室の風景が一変したところからどういうふうに対応していけばいいのか。毎日葛藤しながら考え続けた3週間でした。

その子の名前を仮にA君としたら、A君の対応は私一人では絶対に不可能だと瞬時にわかったわけです。専科の先生とか管理職とか保護者の方とかを巻き込まないと不可能だということは、もう最初から明らかでした

そのA君と共に進むにはどうすればいいかと考え続けました。教科の学習はどうやって進めるか、トラブルが起きたときの基本方針をどうするか、学校内のサポート体制をどうつくるかなどなど。学級担任制度が今も色濃く残っている小学校では、担任の先生が基本的に学級経営の全てを任されることが多いと思うのですが、本当に大変なときほどチームの力を結集しなくてはいけない。

今は教科担任制がどんどん広がってきて、おそらく学級というチームに関わる大人の手はどんどんこの後増えてくると思うんですね。すると、関わってくる大人たちの力を

どううまく組み合わせて、そこに注がせるようにするか、それが大事だと思っているんです。

サッカーの日本代表のチームもそうです。監督だけでは絶対に不可能ですよね。フィジカルコーチとかメンタルコーチとか、食事のトレーナーとか、栄養管理をする人とか、ペップトークのように試合前の激励の一言を研究する人もいれば、そこにお医者さんとかいろいろな方が関わっているから、日本代表チームはあると思っているんですね。だからすごいチームになる。

あれだけ最高のスキルをもった代表チームですら、一丸となるまでにはものすごい時間がかかったり、いろいろな壁を乗り越える必要があると言います。だから、学年団でこれを達成するのはとても難しい営みであることは間違いありません。

たとえば代表チームでも、精神的な支柱やキャプテン役には、何度か代表経験のあるベテラン選手がなることがほとんどですが、そこにもやはり大切な意味がある。今の学校教育では、その学校での経験値などは関係なく、いきなり来たばかりの方に主任職を押し付けるようなところもありますが、これではチーム経営がうまくいくはずがないんです。学級や学年という一つのチームに周りの力をどうやって集めてくるかということは、現代においてはすごく大切なポイントだと思っていますし、これは非常に難しいことなんですね。

その場をつくっているのは誰か

クラスが荒れているときによくありがちなのが、「汗をかく」のパートでも少し話しましたが、目の前の子どもたちが悪いからだとか、前の担任がよくなかったとか、地域が悪い、保護者が悪い、学校が悪い、という思考に陥っているケースです。いわゆる他責思考ですね。この考え方が行きすぎたとき、教室は「悲惨な状況」になります。どんなときも、自分ではなく周りや他人に責任を求めるのは簡単なんです。自分は何ら変わる必要がないわけですから。でもそこに改善とか成長はないんですね。改善や成長がないから、荒れたクラスはいつまでもよくならないし、むしろどんどん悪化の一途を辿っていく。こうなることが、先ほど話した「悲惨な状況」です。自分が担任を務めている教室で起きている問題に、自分の責任がないかのように考えてしまうのは、まるで自分がそこにいないのと同じであると認めているようだとすら私は思います。なぜなら、教室における教師とは、ものすごく大きな影響を及ぼしているものだからです。

影響や責任がないわけがない。

これは分人主義という考え方にも関わってきます。たとえば、よくある指導で、「人によって態度を変えるんじゃない」みたいなのがあるじゃないですか。

私はその指導はどうなのかなと、いつも思っています。人はその場所や居合わせた人に応じて、必ず態度を変えていると思うんですよ。たとえば職場でバリバリに仕事をこなすビジネスマンが家に帰ったら子煩悩な親ばかで、実家に帰ったらすごい甘えたがりみたいなことは、私は結構あると思うんですね。

実際に私がそうなんです。外ではフルスロットルで仕事をしていたとしても、家に帰ったら本当に我が子にべたべたで、猫なで声じゃないですけどね、それをうちの娘は見ている。でも、何らおかしいことはないみたいですよ（娘は自分が勤務している学校に通学している）。学校でのお父さんと家でのお父さんはちがうのが当たり前みたいな。

さっきの人によって「態度を変えるな」というのは、「人との接し方」とか、「あなたの生き方」はという、そういうスタンスの話をしているんだと思うんですね。

こういう話を、子どもたちによくするんです。人によって態度を変えるんじゃないとお母さんに言われたら、「もっと人を大切にしなさいよ」とか、「そんなふうに生きては駄目なんだよ」ということを、お母さんはきっと言いたいんだと思うよと、翻訳してあげるわけです。だからこそ、場によって人は態度を変えているんですね。使い分けているのが自然なことだし、その場に居合わせている人に自分というキャラクターが引き出されているのです。

ということは、その場をつくっているのは誰なんだろうとか、その場において最も影響力が強い人は誰なのだろうと考えたときに、教室において最も強い影響力をもっているのは、やはりどう考えても教師なんです。その場をつくっているのは教師なんです。そして、その場の力によって、子どもたちのよい部分が引き出されたり、悪い部分が引き出されたりしているということです。

だからこそ自分の責任だと考えた方が、改善が生まれやすいし、思考が前向きになるんです。地域が悪いといっても、地域は変わらないんですよ。保護者が悪いといっても、保護者もなかなか変わらないです。だからその場において最も影響力をもっている自分が変わることが、教室で起きているハプニングとか問題行動を減らすことに一番つながるのは間違いないと思っています。

スピードを磨く

教育というのは惰性の強い制度だとよく言われています。惰性が強いというのは、入力から出力までが遅いということです。政治家が当選するたびによく言うのは、まず教育にお金をかけるとか、教育に力を入れるとかを掲げるんです。なぜそれを掲げるかというと、失敗がないからなんですね。いわば検証しようがないから、それを言うんです。

うがった見方ではなくて、いろいろな社会学者や教育学者の方々が言っていることを私は引用して言っているのですが、要は当選して教育改革だとか言うじゃないですか。やったとしてもその検証や結果が出てくるのは、その人が在職中になされないことの方が多いんですね。10年後とか20年後とかに審判が下されたりすることがあるので。

われわれがやっている仕事も、今入力したからといってすぐ出力されるわけではなく、そういう意味でいったら、成長とかもなかなか花開くのが遅いこともあるので、まあまあしょうがないよねという議論はわかります。

わかるのですが、一方で私はスピード感をものすごく大事にしてきました。特に荒れているクラスをもったときほど、その荒れが深刻であればあるほど、変容にかかる時間を短くしたい。そう思って取り組んできました。

たとえば、ある年に受けもったクラスにいじめの中心にいた子がいました。5年生のときにクラスメイトをいじめて不登校にさせて、しかも他の子たちと結託して、様々な問題行動の限りを尽くしている。その子の担任に6年生でなったんです。ではその子が、たとえば心のコップの向きを変えて、何か前向きな行動とか人のことを思いやれるようになったりするまでに、一体どのぐらいの時間がかかると思いますか？　講演会でこういうことを尋ねると、数カ月から半年という答えが最も多いんです。でも、私の感覚では半年も気長に待っていては荒れたクラスは立ち直っていかないと思っているんです。そこには、成長や変化におけるスピード感のようなものに一定の覚悟や決意のようなものがいります。

ですから、私は、やはり出会った刹那にでも、少しでも風向きを変えてあげたいなと思います。結論から言うと、先ほど話したいじめの中心にいたその子は私と出会った瞬間に大きく変わったんです。もちろん、そのためには、いろいろな布石を打ったんですよ。担任発表の前からいろいろな準備を重ねて、情報を集めて、磨けるものにはあらためて磨きをかけた状態で、この子がこうきたら必ずこうしてみたいなことの段取り、シミュレーションを頭の中でして…。初日の出会いの瞬間に、何か一つでもよい種をまいて芽吹きまでもっていきたいと考えて準備を重ねました。そのうちの一つがうまくいって、初日からその子がすごくいい行動、利他の行動を積むようになっていったということがありました。

卒業文集にその子は、私と出会った初日のことを書いたんです。他の子が自分の夢とか、修学旅行とか大きなイベントのことを書く中で、その子は卒業文集に私と出会った日のことを書いたんですよ。「今変わろうと思った瞬間」というタイトルなんです。書き出しは、「ドン！　ドン！　以前の私は荒れていた」と。そこから始まるんです。5年生のときを回想して、私はこんなことをして、あんなことをして、と反省のところから卒業文集がスタートするんです。

でも、その子自身も「変わりたい」と思っていたみたいですね。それが文章に書いてあった。私が担任発表の瞬間に、「図工室に新しい教科書を取りにいくんだけど、誰か手伝ってくれる人はいないかな」と言って、私はもう作戦を立てていたわけです。その子は力持ちなので。「誰か手伝いに来てくれないかな、先生一人では持てないんだよ、誰か力持ちの人、力を貸してくれないかな」と言って、その子に視線を多めに当てたんです。

もちろん、通常のクラスなら多くの子が手を挙げるような瞬間です。初めて会った担任の先生の手助けをしたい！と思う子が続々と出てくるような場面なのに、そのクラスは誰も挙げていないんですよ。それはやはり学級の状況がものすごく荒れていたからです。子どもたちは目立ったら危ないという感覚だったと思うんですね。だから見事に誰も手を挙げなかったんです。

でも私はニコニコしながらその笑顔を崩さずにその子に目線を多めに当て続けたんです。そうしたら少しその子がいろいろ考えている様子で、最後は観念したようにパッと手を挙げたんですね。一所懸命準備したり努力を重ねているところには、やはり神様は応援してくれるんです。その子がバッと手を挙げたので、私は大いに驚いて「ありがとう」と力強く言いました。その子が手を挙げたら、周りの取り巻きの子たちも手を挙げて一緒に手伝ってくれた。私はそのことをお母さんにすぐ電話をして伝えました。初日のうちに、一筆箋にも書いてお礼も伝え、次の日の学級通信にも書いたんです。そうしたらそのことがとてもうれしかったみたいで、その内容を卒業文集に書いていたんです。

このようにスピード感というのを私はすごく大切にしていて、出力まで時間がかかるからまだいいやという感覚はないんです。正攻法できちんとした適切なステップさえ踏めば、特に荒れていたり難しくなっているケースほど、あっという間に大きな変化が訪れるということは、たくさんあるわけです。そのようにしていると、本当に「嘘でしょう」というぐらい鮮やかに、それこそ魔法以上に魔法のようなことが起こり得るんですね。こういう一つひとつの事実を積み重ねていくと、チームは大きく変わります。何か自分も変われるかもしれないという希望や願いをもてるようになるからです。

教育は惰性が強くて検証のしようがないというのはまさにそうなのですが、一方で、教師の関わりによって明らかな変化が生まれることもあるんですね。検証すら必要ないぐらい、明らかに出ることがあるわけです。

私はこういう事実のつくり方を、ずっと研ぎ続けてきた、磨き続けてきた、追い続けてきた。今もそうです。どうしたらいいだろうと、現代版の悩みや課題もたくさんあるので、私はある意味特効薬を探し続けているのかもしれません。しかも、喜びとか感動をもって受け入れられる特効薬。体罰とか厳しい叱責とか、そういう特効ではなくて、喜びや感動をもって受け入れられる特効薬を探し続けています。それがチームを劇的に改善とか再生したりする起爆剤になったりします。

条件付きではない愛の存在（学級経営）

学級経営についてよく聞かれるのが、「やんちゃな子とか特別支援が必要な子への対応はどうするのか」ですが、それ以外の子への対応というのも重要です。普通の子っていないと思うのですが、取り立てて目立たなくて、いわゆるいい子じゃないですけれども、ありますよね。

私は教師の役割の中でも結構大切なものの一つに、親以外でもここまで無償の愛を注いでくれる人がいるんだなということを教えてあげる。大人はなかなか素敵だなというか、まんざらでもないというか、そういうことを教えてあげるのはすごく大切だと思っているんです。

無償の愛を注いでくれる人が親以外にもいると知れるということは、とんでもなく大きなものを得ていると、私は思うんですね。

親は見返りを求めるわけでもなく自分に愛を注いでくれる。それはわかる。親だから。でも親以外にも、私のことを思ってここまで大切にしてくれる人って、教師以外には最初はあまり会わないんじゃないかなと、私は思うんですよ。

もちろん近所のおじちゃんとか地域の人とかもあるかもしれないですよ。親戚の人もいるかもしれないけれども、今はそういうのがどんどん薄くなってきて廃れてきているからこそ、学校というコミュニティがこの後もまだしばらく続くと仮定した上での話ですけれども、学校に行くと、先生と呼ばれる生き物というか立場の人は、なぜか私のことをすごく大切にしてくれる。お父さんやお母さんみたいに無償の愛を注いでくれる。

無償というのは、見返りがないということなんですよ。見返りがないというのは、相手が仮にプレゼントで喜んでくれなかったとしても、すごくつっけんどんな感じだったとしても、ちゃんと心を込めてお弁当をつくってあげるお母さんみたいな、私はそんなイメージなんです。

見返りを求めないというのはすごく難しいのですが、それができるようになることが、私は教師として、教育者としてものすごく大切なことだと。今は、見返りを求めている場面が社会にあふれているんです。有償ばかりなんですね。私は見返りを求めない境地でプレゼントを贈るということをできるようになりたいと、常に思っています。

それは別に教師として子どもに対するときだけではなくて、他のときもそうですね。相手から返ってこなくてもいいんです。とりあえず渡す。喜んでもらえると思って渡したプレゼントが喜んでもらえなくてもいいんですよ。別に相手が喜ぼうが喜ぶまいが、ひとまず渡して、それでいい。見返りを求めない。

それができるようになったときに、少しでも親の愛に近づけたというか、無償の愛に近づけたというか、見返りを求めない、本当の意味での教師としての役割ができたなと思うようになる。さっきの普通の子とかあまり目立たない子に対して何か意識的にするというよりも、大切なのは、要は存在の承認なんですよね。

何かができたときに褒めて、何かができなかったときに叱るという条件付きの愛というのは、無償ではないんです。すごく操作性があるというか、誘導性があるというか、条件付きなんですね。できたら褒める。できなかったら叱る。やらなかったら叱る。

通常運転のときに何もしていなかったら、これはものすごい条件付きで、「先生は自分ががんばったりいい成績をとらないと褒めてくれない」のようにも感じてしまうことがあるということです。この辺りに関して、子どもたちはすごく嗅覚が鋭いと思いますね。この人は私のことを操作しようとか、ある程度従えようとして褒めているなとか、手っ取り早く事態を収めるために今怒っているなとか、さっさと鎮圧させるために大きな声を発したなとかね。ここまで言語化が子どもの中でできていないかもしれないですけれども、そういうのはあると思いますね。なぜなら、子どもたちはそうした庇護や愛を受けないと生きていけない存在だからです。そして、親以外にもそんなギフトをくれる人が世の中にいるとわかったら、視界は一気に開かれると思うんです。大きな希望とともに。

だから無条件のというか、無償の、見返りを求めない、存在への承認ですね。「〇〇さんと一緒にお勉強ができて、今日もうれしいよ」とかいう言葉が、上滑りしなくて芯からにじみ出るかのように言える。言葉が浮かない感覚といったらいいですかね。「いやあ、今日も朝から元気でうれしいよ」とか「今日も全員揃ったか。先生はクラスに全員が揃うだけで何かうれしいんだよね」だとか、「アンパンマンは顔が欠けていると元気がないでしょう。同じような感じで、先生は一人欠けているだけで元気が出なかったりするんだよな。今日も真ん丸の顔、本当に元気百倍、ありがとうね」と言って、「じゃあ今日も一日勉強しようか」みたいな。

なので、無条件ですね。見返りを付けない。与えて、別に返ってこなくてもＯＫ。そういうふうにして関わっていたら、自然と目立たない子も目立つ子も、在り方というか、この先生の言うことを聞いてみたいなと思う瞬間が出やすくなるのではないかと私は思っています。

授業で自分自身への感動を体験する

授業において、感動は私の中では大きなポイントです。それは他者に感動するのもあるし、人ではなくて何か文化や物に感動する場合もありますよね。でも一番大切なのは自分自身への感動だと思っています。俺はこんなにやれるんだ、私はこんなにすごかったんだと気づかせてあげられるような授業や実践は、私の一つの理想です。もちろん、授業はいろいろなパターンがありますよね。そのような実践ができることは若い頃からの目標でもありました。

初任の頃はよく追試をしていましたし、今もいいなと思った授業は抵抗なく追試します。いいものはいいんですよね。でも20代の頃に私がした授業を丸々30代の私がやったとしても全然ちがいます。ドライビングスキルが変わってきていますし、当然、自分自身の在り方も変わっていますよね。ここまでお話ししたように子どもとの年齢も離れてきていますし、私は私でキャリアを積んで考え方も変わりつつあります。何なら自分の子どもも4人生まれて、教育、子育て、いろいろな観点から育むということを見るようになってから授業をすると、言葉への魂の乗り方がちがってきたり。後は、今までの失敗体験や葛藤体験の中で、いくつかの内容については確信に至っているものもあります。ここでは絶対にこれを言っては駄目、絶対にこれをやったら失敗するのような場面ですね。他にも、ここはある程度遊んでいい場面というのもあります。そういう経験則が今の私をつくっているので、同じ教材で過去と同じパターンでやったとしても、授業はまるでちがってくると思います。当然目の前の子どもたちもちがいますしね。それから教材研究や授業研究って、一つの自己開示を伴うものだと思うのですけど、ストイックに向き合ったり夢中で磨いてきた実践は、やはり自分自身の生い立ちとも強く影響していることがあります。

たとえば、私は水泳の授業がとても得意です。その大きな理由は、私自身が水泳が非常に苦手だったからだと思います。教員採用試験で一番のネックは水泳でした。最初に受けた私立は、三つの泳法で泳がされました。クロール、平泳ぎ、背泳ぎ。クロールだけでも大変なのに、どれだけ泳がすんだと。採用試験において「それほど重要か?」と今でも思っていますけどね。

そうやって自分自身の体験を通して、泳げないつらさ、苦しさを知っているんです。だからこそ、水泳の授業実践の磨き方は他とは少し毛色がちがっていたのかもしれません。

ちなみに、初任時代を除いて、それ以降受けもったクラスでは毎年全員が25メートルを泳げるようになりました。ちなみに奈良での教員時代は、北海道に比べて水泳の指導時間が多かったんですが、北海道に移ってからは、1シーズンに4回しか学習の機会がありません。これでは泳げるようにならないでしょう。自分自身の小学校時代を振り返っても、これはそうだったんだろうなと思いました。私が小6のときを振り返ると、クラスで25メートル泳げる子は1割いるかいないかでした。水泳を習っている子だけが泳げて、後は潜って沈む石を拾っているんです。それでは泳げるようにならないなぁと教師になってから改めて思うようになりました。

そういうのもあって、たった4回の指導でも6年間泳げなかった子たちが泳げるようになるためには、どんな場をつくって、どんな指導法を用いればよいか、ものすごく考えました。そういうミッションを自分の中で勝手に立ち上げて5年間の間にいろいろシステムを構築し、最終的に9割5分の子が泳げるようになるところまでいきました。100パーセントではありませんが、これはかなりの衝撃を学年にもたらしました。6年間泳げなかった子が、たった4回の指導でみるみる泳げるようになって、「泳げた」「うれしい」と言ってプールサイドで涙する子もいたほどですから。一緒に指導していた学年の先生もその様子に驚いて、学級通信に「全員達成も本当に夢ではないと思います」とも書かれていました。

そういう実践まで磨くことができたのは私自身の苦手さもそうだし、どこかで苦しさをくぐり抜けた喜びを伝えたいという思いが根底にあったからだと思うんですね。ここからここまで泳げたと、他の誰でもない自分自身に感動するんです。そうやって大きな初めの一歩を踏み出した子たちが、体育以外の学習にも開眼するような瞬間をこれまでにたくさん見てきました。「他にもまだまだ自分はやれそうだ」と、体育での自分自身への感動体験が大きな推進力になるからだと思います。だから体育の指導は、とても好きですね。

幅広く学ぶのか一つを突き詰めるのか

ジェネラリストがよいかスペシャリストがよいかみたいな話が、よく話題にあがりますよね。「幅広くこなせるか」と「一つを突き詰めて長けているか」。でも私は両方ありではないかと思います。一つに突き詰められる人は、突き詰め方がわかっているので、それを他に伝播できる。こういう広がり方ができる可能性があります。ジェネラリストの人はそもそも器用なので広くやっているところから、「ここ」と「ここ」

という連動ができやすいんです。音楽と体育で組み合わせてみようか、社会と道徳は「ここ」と「ここ」でいけるだろうと。私は、ジェネラリストの人は、そういう思考でやっている人が多いと思います。

自分自身はどちらかと言うと、一つだけを突き詰めるというよりも幅広くやりたいタイプです。なので、頭の中で社会の教材研究をしながら音楽が浮かんだりするし、音楽をやっている途中に図工のアイディアがふとひらめいて、結局は道徳の授業をつくってしまうようなことが、ままあります。

自分自身のことをジェネラリストとは思っていないですが、くっつけたり組み合わせたりするのにはとても興味がありますね。ですから、いろんなユニットを組み合わせてつくる「オムニバス授業」が好きだったりするんです。

それから、総合の授業をつくるのも非常に好きです。これまで注力してきた国際理解教育、開発教育、持続可能な開発のための教育（ＥＳＤ）などのよさを組み合わせてダイナミックに扱えるのが総合だからです。海外に行って実践をつくり、日本に帰ってきて実際に授業をしたりというのは何度もやりました。総合の中で海外との交流もたくさん生まれましたし、私が最初に受賞したグローバル教育コンクールでの表彰も、そこから生まれました。

いろんな分野での経験を通じて思うのは、学習の中に線を引くのはわれわれ大人であるのが多いということ。これは国語でこれは算数でこれは社会と分けて、枠組みをつくっているのは結局大人で、子どもたちが力いっぱい学んでいるときほど、そういう垣根は取り払われていることが多いということですね。ですから、特定の教科や授業を磨くということにも大切な意味がある一方で、子どもたちの側から見たときの学びの広がりや可能性といったことは頭に止めておく必要があると思っています。「磨く」という言葉には、一心不乱さとか真剣さというニュアンスが含まれることが多いんですけど、そのどこかに遊び心やしなやかな思考を併せもつことが、授業を磨いていく上で大切だと思っています。

全員達成をなぜ目指すのか

「〇〇を全員が達成できた」という現象には、いろんな教育的効果があって、その第一は誰一人取り残すことなくクラス全員がその壁を乗り越えることができたという達成感を味わえることです。その全員で到達した達成感は、個人で得るそれとは大きくちがっていて、チーム全体に希望のようなものをもたらしますし、「喜び合う」というタイプの喜びが存在することを感じられる契機にもなります。個人のゴールにも喜びがあるのだけど、チームのゴールにはまたちがった喜びが存在する。

そして、全員達成には暗唱だとか、日記だとか、いろんなタイプのものが存在するんですけど、中でも体育における全員達成はとりわけ大きな効果を生むことが多いです。それは、体育という学びがもつ特性と、「全員達成」へのハードルが他よりも高い、つまり難度が高いことが影響しています。

水泳、跳び箱、逆上がり。

全員達成への取り組みのスタートは「興味」であり「疑問」でした。そんなことが本当にできるのかという感覚ですよね。特に逆上がりは、全員達成という世界を見るまでにかなりの時間を要しました。他の運動、たとえば跳び箱の開脚跳びや、水泳の25メートルを泳ぐことなどは比較的すんなり達成できましたが、逆上がりは他の運動とは少し次元がちがいました。

1年目のときは目指してすらいなくて、本気で取り組み始めたのは3年目ぐらいでした。指導法を勉強していく中で逆上がりに関しても「全員達成」の4文字が目にとびこんできたんですよね。そこから足掛け3年でようやく達成したわけです。論文や雑誌に載っている実践発表はあったんですけど、でも私自身はその実際の姿を見たことがないので、目指している道中もどこか半信半疑な部分がありました。

自分の小学生時代の同級生で逆上がりができなかった友人たちを思い浮かべたらわかりやすいんですけど、きっと何人かの運動が苦手な子の顔が思い浮かぶと思うんですよね。その友達が本当に全員逆上がりできるようになるかと考えたときに、私はノーだと思いました。体が重かったり、力が弱かったり、そうしたいろんな子たちが40人ぐらい集まっているクラスで本当に全員回れるのかなと。

でも、「できる」と書いている本や雑誌が目の前にあるんです。とするならば、教え方を磨いて突き詰めていけば本当に全員できるのではないかという純粋な興味が湧きました。そしてそれがついに実現したのが5年目だったんです。今でも覚えているのですが、ちょうど最後の子が回った瞬間にクラスのみんなが輪を囲んでいて、ワアッとなった瞬間、その子はうれしさのあまり泣いていたのでした。そして、その子以上に私も泣いてしまいました。そのときはなぜこれだけ心が震えるかうまく言葉にできなかったんですが、きっとそれは私の心の鎖をその子たちが外してくれたからなんだろうと思います。全員は流石にできないのではないかと、どこか自分の中で思っていたところに、本当にできたという未知なる世界を見せてくれたというか、自分自身が思い込みや考えが壊されたというか。そういう心の鎖をその子たちの姿を通して抜いてもらったなと思っています。

そしてその翌年から、不思議な現象が起きるようになりました。次の年も、指導法は特に変えずに指導したんですが、なんと翌年はわずか2カ月でクラス全員が逆上がりを達成できたんです。それが、その翌年も、そのまた翌年も続きました。指導技術も特に変わっていませんし、使った教材も変わっていません。伝える言葉や声かけも練習頻度も特に変えていません。でも、その翌年は2カ月で全員達成しました。最初の達成までは5年かかったわけですから、これには自分自身が驚きました。そこからは毎年別のクラスを受けもっても、驚くほどの速度で全員が達成できるようになっていったんです。

この道中に一体何が起きたのかというと、それは私の心が変わったことが大きかったと思うんです。同じ言葉を言っていても、どこか真に迫るというか、魂が乗っている言葉に変化したのではないかと思っています。だって、私は実際に全員ができた姿を見てしまっているから。目の前の子どもたちが未体験であるこちらの世界を早く体験させてあげたいという感じでワクワクしながら声をかけるようになったのは間違いないと思います。

さらに、鉄棒ができない子を見たら不思議とワクワクするようにもなりました。全員ができる世界を知っているので、「できたときって、うれしいんだよ」と心から言えるようになりましたし、「できない期間が長ければ長いほどうれしいんだよ」という言葉もかけられるようになりました。さらに何年か経過すると、「あと1週間ぐらいでできるね」と天気予報のような「逆上がり予報」を出すことができるようになりました。動きを見ていると、おおよその達成までの道のりがわかるようになるんです。

それを聞いた子たちが、これも不思議とその気になるんですよ。「先生の言った通り1週間ぴったりでできました！」なんていう報告がたくさん入ってくるようになる。

全員達成は確かに力や覚悟が必要です。どんな実践にもよいところがある一方で、難しい部分を必ず併せもっているものなので、最近では、「できるけどやらない」という選択肢を取ることも増えてきましたね。新卒からの数年間は、一緒に学年を組んだ先輩はやれるところまでやってごらんという感じだったので思い切り力を発揮できたんです。でもその後、年数を経て立場も上がってきて、役も増してきてとなったときに、私がとんでもないハイパフォーマンスをすることで学年経営が難しくなってしまう状況が起きるようになりました。28歳で初めて学年主任をもち、私と初任の女性の先生で2クラスの学年を組んだときに、私のクラスはいろいろできるようになって、一方隣のクラスでは難しい問題が山ほど起きて、白と黒、正と負という対比構造のようになってしまったことがあったんです。学年経営という意味では一番失敗したなという年がそれでした。もちろん、その相手の先生のためにできることは最大限に協力したんですが、それでも隣のクラスの状況はなかなかよくならず。私はいまだにそのときのことを苦い経験としてもっています。

そうなってくると、目指せば逆上がりで全員達成を実現できはするけれども、他のところで喜びを味わわせてあげたらいいとなります。20代の頃にしていたように、例えば昼休みの練習に付き合って、ある意味、若手時代だったからできたようなことは、主任になってからはできるだけしないようにしました。もっと言えば、「達成」というゴールに到達しなくても、できないことに挑む価値だとか、あきらめない姿勢の尊さみたいなことが伝えられるようになってきたことも、意識の変化という意味では大きな出来事だったと思います。若手の頃は、それこそ達成させることだけが至上の価値のように思っていたので。それくらい、体育という学びには強烈な感動を生み出す力があります。

体育という教科において、何かの技ができるかできないかというのは、数字で表すと「0か1」です。逆上がりができなかった自分とできるようになった自分は別人とも思えるぐらいの感覚を覚えることがあるということです。世界が変わったかのようにすら感じることがあるんですね。私自身が25メートルを初めて泳げたとき、そう思いました。フルマラソンを初めて走りきったときも、同じような感動がありました。今までの自分では出したことのない力が出せた。なったことのない自分になれたというような「0から1」の感動があるということです。しかも、自分の身体感覚を通して成長感が津波のようにドンッと来る。少しずつ漢字の点数が上がってきたな、少しずつ計算の正確性が上がってきたなというような、徐々に訪れる充実感とは全くちがいます。一気に成長の喜びを体感できるんです。これは一人ひとりの在り方や学級の状態を大きく変える大きな原動力になります。

それこそ自分ではなくても人の体験を見ても、そういう学びが起きることが何度もありました。逆上がりができて涙ながらに喜んでいる友達の姿を見て、「私は前からずっと逆上がりができたけど、あの子のああいう姿を見て私にももっとできることがあると思いました」と作文を書く子もいるんです。逆上がりという運動を通して自分自身の普段の姿を照らして見ているのでしょうね。荒れたクラスをスピード感をもって立て直す道中で、私はこの体育の学びがもたらす自分自身への感動をよく活用していました。そこに「全員達成」というファクターがかけ算されたときは、今お話ししたように劇的な変化をクラスにもたらすことも少なくないということです。

材料と腕を磨く

「材料七分に腕三分」という有田和正先生の有名な言葉があるのですが、材料を見つけるためには目利きみたいな、嗅覚とも言えると思うのですが（うまそうな匂いがするといったらいいのですかね）、何かいい情報をもっていそうな感じがするみたいな嗅覚をもつことはかなり重要だと思っています。この人には会っておいた方がいいなみたいな直感も含めて嗅覚だと思っているのですが、私は何をおいても、興味がある人にはまず会いに行きます。会ってその人の熱量とか勢いとかをきちんと感じないとわからないことがあるのは、間違いないと思っているんです。

授業というのは、先ほどの料理によく例えられますが、素材がよくないとどれだけ調理をしてもうまくならない。逆に言うと、素材がよければあまり腕がよくなくてもおいしい料理に仕上がることがあると思うんですね。

材料の話でいったら、「本」というのは私にとって二次的な情報を得る上ではすごくいいと思っているんです。今、たまたま目の前にあるのは、『座右の書「貞観政要」』という中国古典の本。ＡＰＵ（立命館アジア太平洋大学）学長、ライフネット生命創業者の出口治明さんが書かれたものです。その他、『心の傷を癒すということ』で、阪神淡路大震災のときに当たった精神科のお医者さんのお話です。さらに、雑誌『へろへろ』という、エッセー集みたいなものですね。あと、『カーテンコール!』という小説です。今机にある本をざっと見ても、こんなふうにジャンルはバラバラですね。

この人たちに、今直接私は会えるわけではないです。でも、その方の著作を通して、少なからず考えの一端や世界観などを学ぶことができる。

これは素材に触れる話ですが、こういうふうにしていろいろなジャンルをまず雑食というか、何かに決めうちをしたりしないで、まず多読家であった方がいいと思うんですね。教師としては。感性を育むという観点でも、一度は通過してみるというのはものすごく大事だと思うんです。それが口に合わないこともあると思うのですが、ひとまず食べてみる。ひとまずは取り入れてみる。一度取り入れた上で、後から取捨選択をすることはいくらでもできるので、読書には関して私は今でも雑食です。

以前、同僚の先生がどうしても私が本を買いに行くのに付き合いたいというので、何回か一緒に行ったことがあります。書店に行って、いつも通り私は歩いてみたんですね。するとそれを見た同僚から「そんなルートで歩いてそんなふうに買うんですね」と、すごく驚かれたんです。

同僚は、教育コーナーにまっすぐズドンと行くと思ったらしいんですが全然私はそうではなくて、ぐるっと店内を全部回るんですね。ぐるっと全部回りながら、ガサッ、ガサッと抜いていくわけです。その途中に教育書のコーナーがあって、それもガサッとまた抜いて、だいたい10冊ぐらいを買って、そのままレジに行ったんです。「何を考えて今買っていたんですか」と聞かれると、「いや、これが面白そうだなと思うので、タイトルを見て抜いていった」、と答えました。医療のコーナーとか建築関係の本とか、後は哲学とか思想関係とか、全然関係ない啓発書の本とか、一通りは全部行くんです。それは、意図的に多くのジャンルに触れようとして若手の頃から続けている本の買い方でもあります。

多読家であるというか、いろいろなものを取り入れるためには、自分で情報の幅を広げる努力はしておいた方がいいと思うんです。自分の好みの本ばかりだと、そこにも偏りが生じるので。私は本を勧めてくれる読書コミュニティみたいなものにも入っていますし、人から勧められた本は基本的に買うようにしています。勧められたらまず買うんです。「渡辺先生、これを読んでほしいです」と言われたら、その場でポチっとして、すぐに買う。こうしておくと、いい材料に巡り合う確率がすごく上がるんですね。自分では手に取ることができなかった世界と遭遇できる確率が高まるからです。

こうしていくと、さっきの「材料七分に腕三分」の、材料七分のところのいい素材を見つけやすくなる。私は少なくとも20代の頃よりは、嗅覚が磨かれてきたと思います。読んできた中で、例えばさっき話に出た出口さんという方は作者買いしていいと思うんです。作者買いしていい方は、私は頭の中にたくさんいます。今100人ぐらい出せると思うのですが、その方の本はあったらバッと買ってしまうんです。

今読んでいてこれはすごいなと思った本は、『心の傷を癒すということ』（安克昌）。これはすごい名著で、この方の本は他にもあったら買おうと思っています。私の中でたった今エントリーされた方です。

嗅覚が増してくると、速くなります。いい情報にアクセスできる。人もそうで、このことはこの人にお願いした方がいいなという人が、頭の中で当たりがつくようになった。20代の頃は最初にまず本を読んで、この人に会ってみようかなとセミナーに行って、その方と交流をもつようになってというのが、今は電話一本、LINE一つで済んだりするんです。

私はお医者さんにも結構知り合いが多いので、ああ、これはちょっと難しいからあの方に聞こうと思ったら、パッとメールとか、さっと電話とかします。セラピストもそうですし、カウンセリングをする方もそうですし、宗教者もそうですね。

人から悩みを相談されて私で対処しきれなかったときには、私の中でこの方は信頼がおけるという方のヘルプをたくさん使うようにしています。私よりももっとうまく解決できる人は、世の中にたくさんいるからです。私はそれを語り部のように伝えたり、授業を通して紹介したりして伝えるということが、一つの仕事だと思っています。

まずは雑食で一口食べてみましょう。食べているうちに、これはおいしいなとか、食べないでもわかる。これはおいしいということが少しずつわかるようになってきて、いいものやいい素材へのアクセスが速くなってくる。これが大事だと思っているんです。

そうすると、授業をつくることがうまくなっていくというか、前よりもいい速度でつくれるようになっていく。これがつまり経験がもたらす成長だと思うんですね。前まではどれだけ当たってもアクセスできなかった情報が今ではパッと手に入ったりするのは、きちんと今までたくさん食べてきて、経験してきて、通過してきたから、それがよしと腹落ちしてわかっているという状態だと思うんです。

読書の楽しさに開眼させてくれた師匠

初任時代の教務主任の先生が、私の読書の師匠さんです。その先生は朝早い私と生活の時間帯が合っていて、たとえば朝5時に職員室に行ったら、私とその教務主任の先生だけがいて、数時間職員室で過ごしているといったことが毎日のようにありました。

その先生は、たぶん学校一の読書家の方で、著者名もそうだし作品名もそうなんですけど、泉のように次々と出てくるんです。これ読んだことあるか、あれ読んだことあるかという質問に、初任の頃の私はほとんど答えられませんでした。ここでも知識の少なさを痛感したんです。そして、その先生が「給料の5パーセントは本代にあてたらええぞ」と言ったんですよ。その言葉を聞いて、「私は5パーセントではなく10パーセントあてよう」という反骨精神で読書に取り組むようになりました。少なくとも、アドバイス通りの速度で読書していても、この先生には生きている限り追いつかないなと思ったからです。

そうしたら、その先生もずいぶんかわいがってくださって、これもあげる、あれもあげるっていうことで、たぶんその方から本だけで100冊以上もらいました。私は、もらった本はだいたいその日のうちに読破して、翌日の朝に感想を伝えることにしていました。「○○先生、これ読みました。面白かったです。特にここととこことここが」みたいな感じで。足りないながらに食い下がってやろうぐらいの、こっちも意地と言えば意地でした。

そうすると、その先生が「もう読んだんか」と驚くわけですよ。期待している何倍もの速度で読破してくるので、朝から目を丸くして褒めてくれましたね。そんなふうに驚きを生むのは私としてもうれしいわけです。だから、間髪入れずに他の用をひとまず置いておいてもそっちを先に読むみたいなことをやっていました。

そうして、読書の楽しさを腹の底から感じるようになるとともに、「この疑問を解決するためにはどんな本にアクセスすればよいのか」がわからないときは、先ほどの師匠に積極的に尋ねるようになりました。これは、百軍の将を得たことと似ていると思うんです。自分が尊敬するエキスパートの方の力を、自在に借りることができるわけですから。

腕を磨くとは在り方を磨くこと

それから、人が紹介してくれる本は大体面白いんですけど、人が紹介してくれる人も大体面白いんです。そして、私は自分自身もそうありたいなと思っています。

渡辺先生に会ってみたらいいよとか、渡辺先生の話を一度聞いてみたらとか、人からそういうふうに思ってもらえるようになったとしたら、それは教室でも似たような現象が起きるようになると思うんですね。子どもたちからも。

たぶんこの人がつくる料理ならおいしいと食べる前から感じることがあるように、このお店ならきっとおいしい料理が出てくるだろうと判断することがあるように、「この先生だったら」と話を聞く前から相応の反応が起きていることがあるということです。

もし仮に、一言一句違えずに、まったく同じ言葉を授業でしゃべったとしても、それを話す先生によって子どもたちの受け取り方がちがうということです。物まねの達人がいたとして、テンポも語感も完璧にまねてしゃべったとしても、やっぱりちがうんですよ。その根底となる部分に磨きをかけることこそが、「腕を磨く」ことの究極系であると思っています。

「腕を磨く」といえば、しゃべり方を磨くのもそうだし、言葉の磨き方もそう。視線の流し方とか、とっさの対応の技術とか、そうした技を磨いていくことが腕を上げることにつながることは間違いありません。でも「腕」というのはこれだけではない。スキルだけではない。テクニックだけでもない。それが乗っかっている土台のビーイング、在り方というところが、最も大事だとなるわけです。

なぜかというと、何を言ったかとかどう伝えたかというよりも、誰が言ったかの方が重要であることは往々にしてあるわけです。山田先生が言うんだからとか、長谷川先生が言ったならみたいな感じで、一番最初に情報の価値として付くんです。その上で私たちは相手のメッセージを受け取っているんですね。先ほどの師匠から勧められた本も、まさにそうでした。私が立ち向かっている課題に対して、読書のエキスパートである師匠が勧めてくれた「本」なんです。もはやただの本であろうはずがありません。

つまり、情報というのは発信者のビーイングによるところがすごく大きいんです。腕三分のところの腕は、スキルとかテクニックとかを磨くだけではなくて、やはりビーイング、自分としての在り方を磨いていく必要があると思います。そうすると、何も伝えていなくても、すでに伝わっていたりすることとすらあるんです。

私は今佐賀に来ているのですが、昨日も九州の近辺にいて会いたいという人がバッと集まってきて、夜一緒にご飯を食べに行ったんです。そうしたら会う前から感動してくれていて、昨日から眠れなかったみたいな感じで言ってくれる人がいました。

その人は私のセミナーですごく元気をいただいたと言って、実は去年いろいろあって難しかったのだけれども、そのセミナーでもう一回がんばろうと思えたんですと。そんなふうに熱を込めて私に伝えてくれました。先月高知県に行ったときも、空港で同じことが起きたんです。全く面識のない方が、オンラインセミナーを受けて感謝の言葉をわざわざ伝えに来てくださった。さらに、先々月神奈川に行ったときも同じことが起きたんです。

それは、私がそこで何をしゃべるかではなくて、それまでに積み重ねてきた在り方のところに拠っていますよね。その人が言ったら何を言っても喜べるみたいな状態になれるとすれば、もはや材料論とか腕論も超越すると思うんです。最終的には、私はそうなりたいなと思っています。

本の買い方

ここまでに本屋では一周回ってあらゆるジャンルの本を買うとお話ししましたが、最初からそうではありませんでした。

私も当初は教育書をよく買っていたのですが、小説とかを読むようになったのは、実は20代になって、教師になってからなんです。それまで小説なんてほとんど読んだことはなかったので、何というか、こんな楽しい世界を私は知らなかったんだなと。

でも結局、以前お伝えした私のお師匠さんが私に勧めてくれる本は、ほとんどが教育書ではなかったです。で、渡されるんですよ。先ほども話しましたが、私は翌日までに読んで、感想を朝いちで伝えにいくんですね。そのサイクルが続いたというのが私の中では大きなことで、そのおかげで今も異業種の方と読書の話で盛り上がったりします。教育書ばかりを読んでいたならば、そんなふうにはなっていなかったと思います。

そして、異業種の方からもその流れでいろんな本を紹介してもらって、また話している途中でポチポチ買っていくんです。すると私の手元にはまた「付加価値」が加えられた情報が集まってくる。例えば、加藤さんという尊敬する経営者が一押ししてくれたこの本、みたいな感じになるんです。もうこの時点で、この本に価値がもう一個くっついていますよね。そして、その方に次に会ったときに、その話もできるわけです。あのプレゼント、ありがとうございましたと。とても素敵な本でしたと。

そうやって喜び上手な人のところに情報はまた集まってきます。受け取ってお礼どころかごくまれに文句を言う人もいますけど、こういう人のところには情報は集まってこないですよね。情報がせき止められて、自分の好きな情報ばかりをとるようになるから、さらに偏りが強くなっていく。こうなっていかないようにするためにも、意図的に情報がいろんな方から寄せられるようにすることと、それを喜んで受け取るようにすることってとても大切だと思うんです。

昨日も私は初対面の方から、ちゃわん最中というお土産と、ごどうふというお土産と、いろいろたくさんガサッともらって帰ってきたんです。渡してくれた方は、私の4人の子どものこととか、家族で食べたら喜んでくれるだろうという姿を想像して贈ってくれているんですよね。私はすごくそれがうれしくて、また今度会ったときにこのお礼とかを伝えるんだろうなと、もらいながら頭の中で浮かべているんですよね。

ですから、本も「仕入れ」のようなイメージで取り寄せることが多いです。仕入れというと業者のような感じがするかもしれませんね（笑）。料理人が市場に行くような感じといったらいいですか。だって、同じ魚ばかりさばいても、食べても、面白くないじゃないですか。だから全然ちがう魚もさばいてみたいなというイメージで一周していて、何だこれはみたいな、私の人生で絶対これは手に取らないだろうなというところで何か光っているようなタイトルを抜き出して、ぱらっと見て、よし、これは面白そうだから買ってみようみたいな感じで抜いていくんです。

でも結局、それも自分という枠の中で行っていることで限界もあるので、人に勧めてもらうんです。尊敬する方のところに聞きに行くんですよ。あなたが今まで読んだ本の中で一番お勧めの小説を教えてくださいとか、啓発書で何かお勧めなのはありませんかとか。別にジャンルを指定しなくていいので、好きな作家さんを教えてくださいとか言ってみる。

するとこのやり取り自体が実はプレゼントになっていたりするんです。あなたの好きな1冊を教えてくださいって、ああ、私に興味をもってもらえたんだなと。これはうれしいじゃないですか。一生懸命考えますよね。考えた上で、〇〇先生、これがお勧めですと、言いますよね。で、お勧めした本をもらったら、心からありがとうございますとお礼を伝えます。

読む前からありがとうございますと伝えて、読んでみますねと言ってからそこの速度が速くて、読みましたというレスポンスがたとえば翌日にくる。そして、この本のここの部分にすごく心打たれてみたいなやり取りができたら、この人にまた紹介したいとなるんですよ。すると、たくさんの本のお勧め情報が集まってくることになると思うんです。私はとても幸せなことに、そんなふうにお勧めの本を勧めてくださる方々が周りにたくさんいます。この関係性こそが、見えない宝だと私は思っています。

第6章

研いで、磨き続ける

声と言葉を研ぐ

声と言葉を磨く。相手に届く、相手が喜ぶ、相手が欲するものを届けるのが、私は言葉を磨いていくことだと思っています。

私はそれを考えるときに、楽器をよくイメージするのです。サウンドを発するという意味で言うと、われわれの体も一つの楽器のようなものですよね。その日の体調によって声の通りがいい場合もあるし、そうでない場合もある。その人の声が一番生きる音域も人によってちがいます。高めの音域が生きる人もいれば、低めの音域の方が生きる声の方もいる。自分の声が相手にどう届くかを考えることは、すごく大事だと思うのです。その声に言葉の情報が乗って相手に届くからです。

私はバイオリンをやるのですが、楽器も育つんですよね。つまり、いい音で奏でようとしていると、楽器自体が育っていって、いい音が鳴りやすくなったりするんです。人もそうだなと思っていて、声の出し方、力の入れ方、テンポ、抑揚、リズム、こうしたことを毎日毎日意識的にやっておくと、鳴りがよくなるというのですかね。そういうイメージで練習を続けてきました。

せっかく言葉を研いだのだから、声も研いでおいた方が、相乗効果が生まれると思ったんです。なので、若い頃から、この人の声は素晴らしいな、しゃべり方がうまいなと思う人たちの音源は、軒並みストックしておいて繰り返し聞きながら練習をしました。授業をしている人だけではなくて、落語家さんなども含めて、この人の話はうまい、語りがうまいという人の音声は、20代の頃は意識的にトレースしていましたね。

それから、言葉を研ぐ話で言うと、私は20代のころは、一つの授業ぐらいであれば、しゃべる内容をノートに全部書いていていました。膨大な量になるのですが、最初は書いていた記憶がありますね。

最近はほとんどそういうことはしなくなったのですが、でも今でも、講演会のときなどには一番最初の「入りの5分間」ぐらいはテキストを確定するために書き出して、この言葉は要らないなとか、逆にこの言葉は足した方がいいなといったように、原稿をつくることがあります。

それで、そのとおりにしゃべって録音するんです。そして、録音したのを聞くんですね。その日の声の調子なども含めてもう一度確認して、聞いた後にもう一回原稿に赤を入れて、ここはやはり要らないなとか、ここは聞こえがいいから残そうとかいうような感じで、時間にゆとりがあるときは今でもそういうセルフチェックをやります。

それは結局先ほどの「楽器の鳴り」をよくするではないですが、聞いていて心地がいいなという状態にしてセミナーに挑みたい、講演会に臨みたいというのがあるので、私の中での「研ぎ続ける」という営みは、相手へのプレゼントをよりよくするために必要なことなのかなと思っています。

この前のセミナーに行ったときにも300人ぐらいの参加者の方がいて、オンラインとリアルと両方なんですよね。両方の方々によりよい声を届けるために、1時間前にカラオケルームに入って、そこでしゃべり、音源を録って、同じことをやりました。4回、5回ぐらい録りましたかね。一定の水準にいかないと、自分が満足できないので。

会場に入ってからも、参加者の方や、主催者の方が驚いていたのですが、私がとんでもない回数のマイクチェックをするので、講演者や授業者というよりも「アーティストみたいな感じですね」と言われました。オンラインの声の通りとリアルの声の通りはやはりちがうので、その両方をきちんと確認したかったのと、私は授業で音声や音楽を流したりもするので、その調整みたいなことでも、ものすごく気を使いました。

バランスをとる

一生懸命走り続けていた20代の頃とはちがって、今、私は生活の中でゆとりもそうですし、本当の豊かさとは何なのかということをよく考えるようになりました。そうした中で、仕事に向き合うスタンスも若手の頃とは大きく変わってきています。

5年ほど前から徒歩で通勤するようになったのは、私の中でスピードの緩急みたいなものを付けなければ駄目だなと考え始めたからなんですね。4章で、しゃにむに努力して通信を書いていて500枚ぐらいまでいったときに、もうそこで数の目標は終わって、そこからは相手に届く言葉をどうやってつくれるかということに傾倒していったときと似ています。永遠に速度を高め続けるのではなく、ステージや時期に合わせてもたらす価値の質を変えていく。

今、私は父親としてもそうですけれども、家族の一員としてもそうですし、いいバランスを取りながら、いいパフォーマンスを発揮していくことを目指しています。

もちろん前まではバランスなんて度外視だったわけです。どれだけでも、力を注げるだけ注いでいました。その中でハイパフォーマンスを維持していたのですが、今はそういう時代はたぶん終わったんですね。少しずつ40代が近づいてきて、その年齢に合った力の出し方といったらいいでしょうか、無理をあまりさせたくないんです。

車で通勤してドアツードアでいきなり仕事というのも別にできるのですが、でもそれは人間らしくないなと思うんですね。なので、車の通勤はやめて、徒歩通勤に変えたんです。何がいいかというと、すごく人間らしい生活になるんですよ。季節のうつろいが感じられたり、草花の芽吹きを見つけてみたりとかね。

目的地は変わらないのですが、私は毎日道を変えています。そこに行くまでのルートも楽しみたいのです。わざわざちょっと遠回りして別のルートで行ってみたら、「おっ、こんなところにこんな神社があった」とか、「こっちにこんな店ができたんだな」とか、町のことを少しずつ知りながら行く。行きと帰りの道は、すごく豊かなんですね。

研ぎ続けるというのは、いつまでもそれをやり続けていればいいわけではなくて、やはり研げるときに研いでおいて、振る力が弱まってきたときにも今までの熟練した技できちんとバランスを取っていく。前の若さというアドバンテージがなくなってきたときに、それがなくなったとしてもちゃんと刀を振れるというか、斧を振り下ろせるみたいな、そういうふうにしておきたいなと思っています。徒歩で通勤するというのは私の中でバランスを取る意味ではすごく重要な要素を占めています。一つの瞑想に近いというか、歩きながら心の調子を整えて仕事に向かうというイメージで通勤していますね。

言葉を尽くす

「最近書いた一番長い文章は何か」と問われたら、どのように答えるでしょうか。一つのトピックで一番長く書いたもののテーマとか、覚えていますか。この内容は随分長く書いたなとか。

何を言いたいかというと、どれだけ言葉を尽くしても、それでもまだ伝えたいときってありますよね。このうれしかった気持ちをぜひとも伝えたいとかね。子どもたちのがんばりだとか、おうちの方々の表情とか、そういったものを一緒に喜び合いたいという気持ちだとかね。言葉だけでは伝えきれないような思いが湧いてくること、そんな体験を通過すること、これも言葉を磨く上で大切だと思っています。

なぜかと言うと「言葉を尽くす」と真逆にあるのが、言葉を発さないというか、必要としない、いわゆる「暴力の世界」とか「戦争の世界」だと思うからです。今の世の中は、すごく短い言葉がもてはやされるんですよね。長編の映画も今はどんどんなくなってしまって、短編とかショートムービーとかになっていく。小説も大長編なんて最近はなかなかはやらなくなってしまったみたいですね。人がどんどん短いのに慣れてきている。映像の世界でも、YouTubeとかTikTokもそうですが、ショート動画がはやっているんですね。

それは、情報の流れが速くなることによって、人が長い情報の入力に耐えられなくなったとか、じっくり腰を据えて考えにくくなってきた世の中に変わってきつつあるのだと思うんです。それで、短いものばかりもてはやされるようになった。

言葉は短くなればなるほど暴力性が増すんですよね。うざいとか、ばかとか、死ねとか、消えろとか、極端じゃないですか。どんどん短くなって短くなって、暴力性とか残虐性が増していって、それすらもなくなったときに何が起きるかというと、戦争とか暴力とか、そういうふうになると思うんです。短い言葉すら使わなくなった先に暴力がある。相手を手っ取り早く屈服させるために力をふるう瞬間です。

ですから、私は、語彙力とか言葉を尽くすみたいな経験は、ものすごく大事だと思っています。親の語彙力が豊富なご家庭は、子どもたちもそのように語彙力が豊富になっていって、語彙力が豊富なお子さんは、いわゆるキレにくいと言われたりするんです。

それはつまり、感情のグラデーションが言葉でうまく表現できたりするからなんです。

でも語彙が少なかったら、うざい、消えろ、ばか、死ねとかいう、これしかなかったりして「０か１００」だったりするんです。怒りと平常の間がなくて、怒るか否かみたいな、そんなふうになってしまうのです。

たとえば、親が「あいつはばかだ」と家で言い続けていたら、それを聞いて子どもは育ちますよね。「あいつはばかだ」とお父さんやお母さんが言っているから、「ばかだ」と簡単に使うようになってしまう。

でもたとえばですが、おうちの人が同じように何かイラッとした瞬間に「あいつはばかだ」と切り捨てないで、「まあ、それは賢い選択とは言えないよね」とか、こういう言葉の使い方ができていたら、子どももそういう言葉の多彩さを学ぶんですよ。

なるほど、「ばか」というふうなものすごく極端なときと平常時の間に、たとえば「少し心がざわついたんだ」とか「賢い選択とは言えないなと思いました」とか、いろいろな言い方や表現を知っていると、「０か１００」にはならないと思うんです。どれがぴったりの言葉かと考えるようになるし、考えている段階で怒りが少し落ち着いたりとか、こういう効果もあるんです。

だから今、どんどん言葉が短くなっていって、何なら速くなっていって、言葉のやり取りや情報の伝達が変わった現代だからこそ、「語り尽くす」とか「言葉を尽くす」というのがすごく大切だと私は思うんです。

でも今は、現代は、言葉を尽くしにくい。体質として、長いものを受け付けにくくなっているんです。だからこそ研ぐんですよね。それは「研がないと聞いてもらえないことがあるから」なんです。長くても、いや、この人の話は聞きたいわと思ってもらえるようにするためには、技術の部分でというか、研がなければ駄目なんですね。そこは結構連動しているところだと思っています。

教師の学び方に起きた変化

コロナ禍によって、教育界の変革はかなり強制的に進められたのではないかと私は思っています。それは、子どもたちの学ぶ環境という意味でもそうなんですけど、教師の学ぶ環境にも大きな変革がもたらされたと感じています。

特に変わったのは、インプットの部分ではなくてアウトプットの部分です。

かつては、セミナーや研究会での「発表」が教師の主なアウトプットの場だったと思うんです。教室で実践し、それを持ち寄って、どこかの会でアウトプットをする。

ちなみに今までセミナーに登壇するといったら、どこそこの研究会に属して、誰々先生に師事しつつ、そこでの信頼を得られてから初めて声がかかって…といったような流れがありました。つまり、アウトプットをする場というものが相当に限定されていたということです。雑誌に記事を載せるにしても、書籍を出版するにしても同様で、アウトプットをしたり、表現活動を行う場が一部に限定されている状況がありました。

それが、コロナ禍がきたことにより、オンラインセミナーが全盛になったことによって、アウトプットの場にかかっていた制限がだいぶ壊れたと思うんです。

有料セミナーと無料セミナーの是非について議論もありますが、みんなが無料でバンバンとオンラインセミナーに登壇する。私はこれはとてもよい流れだと思っているんです。その中はもちろん玉石混交なのだけれども、ああ、この人が出ているなら間違いないみたいな感じで集まるようになっていって、その無料セミナーのうちのいくつかは有料化されていってというのは、ごくごく自然な流れだと思うんです。

価値を知ってもらってから、その後にきちんと対価を支払っていくモデルは昔からいくらでもあります。それこそ、ドモホルンリンクルの無料お試しセットなんて、私の子どもの頃からありますよ。無料で試して価値を知って、それから持続可能な形につなげていくのは多くの分野ですでに運用されています。

無料セミナーがはびこってしまったら、結局セミナー全体の価値が下がってしまうのではないかという人もいるのですが、間違いなくそんなことはないです。受け手はそんなばかではないので、いいものはちゃんと無料でも残っていくというか、人が集まるようになっていっていますね。そして、お金が動くかどうかというより、情報が動きやすくなったという点が大切だと思うんです。

今までは○○研究会とか○○大附属小学校とか、○○サークル推薦とか、ある程度大きな組織が出しているという付加価値が大きな意味をもっていたわけですね。そして、そこに至る道はとても狭くて、一部の人しか行きつくことができない。そして一部の発信者がもたらした情報を、大勢の受信者が得るという形で情報が動いていたわけです。

でも、今のように誰でも簡単にオンラインセミナーが開催できるようになったことで、全ての人に発信のチャンスが巡ってきたわけです。オンラインセミナーだけでなく、YouTube等の映像媒体を通じて発信する方法もそうですし、そことＳＮＳが連動することによって、個人レベルでの発信が一気に大きな可能性をもつようになりました。それによって、かつての文化の中では発信ができなかった大勢の人たちが、今各地で一気にいろんな動きを起こしています。

この状況について、私はいい意味で「壁は崩れた」と思っています。そして、教師修業とか教師の力の付け方というのは今後大きく変わっていくと思うんです。それこそ力を磨こうと思ったら、どこかの研究会に所属しなくてもよい時代にどんどん移行してきています。それは、「この人から学びたい」と思う人と、すぐさまつながれるようになったことが大きいと思うのです。以前でしたら、一部の発信者の方々とつながるチャンスは、極めて希少であり滅多に訪れないことでした。しかし、今では、結構手軽にそうしたチャンスが誰のところにも訪れるようになっている。

先日、オンラインで話した若手の方がおっしゃっていたんです。「たぶん、こんなふうにお話しできるって少し前の時代では考えられないことだったんですよね。この前先輩の先生がそうやって教えてくれました」と。オンラインとはいえ、対面でそうやって学びたいと思える方から近くで話を聞けることのもたらす価値はものすごく大きいと思うんです。それくらい、「人と会う」ことがもたらす影響は大きいからです。

もちろん、個人で活動だとか学びを深めていくことには結構勇気が必要だったりもします。どこかに所属するとか誰かに頼るではないですけれども、それは結局安心感につながったりしますよね。一人でやるのはやはり不安じゃないですか。でも今は、壁がどんどん崩れていく時代だと思うので、それこそ重なりとかつながりをうまくつくっていく人というのは、教師の力量形成ということでいったら、私たちの20代の頃とはちがって、この後グーンと加速度的に伸びていける可能性をもっているのではないでしょうか。

もちろん、そうした壁がなくなってきた時代においても、「対面での学び」が至上の価値をもつことは私の中で変わっていません。今でも、オンラインだけのつながりではなくて、私はそこでできた関係を皮切りに、どんどんオフラインで会う人が増えています。そして、オンラインで何度か直接話している人は、対面で会ったときにすでに一定の関係ができているので、深い話や濃い話が圧倒的にしやすいんですよね。つまり、対面での学びの質をオンラインでのきっかけが増幅してくれるイメージです。

この後もまだこの流れはどんどん加速していくのですが、だからこそなんです。だからこそ情報の扱いとか出会いの在り方みたいなことについては、スピード感だけを求めてしまうようになるとまずいと私は思っています。

今は、出会いやすい時代になったんです。でもそれは一方で「別れにくい時代」になったとみることもできます。今は、オンラインサロンもそうだし、それに類するコミュニティが乱立しています。乱立して、結局最後どうなっているかわからなくて、名前だけあるコミュニティとか、形骸化してしまっているようなことがたくさんあるのですが、これはすごくもったいないんですね。

せっかく喜びをもって出会ったのに、終わりがうまく設計されていないことによって限りある今への感謝が芽生えなくて、せっかくの関係も廃れてしまっていく。このようなコミュニティがたくさんあると聞きます。

ですから、私が運営しているオンラインサロンでは、「この日にサロンを終了します」と明確に言っています。なぜかと言うと、今は別れにくい時代だからです。例えるなら永遠に卒業式がこないクラスみたいな感じでしょうか。これではやはり駄目だと思うんです。

卒業という区切りがあるから、「そこまで」というのがあって、それが私は教育においてはものすごく重要だと思っているんですね。いかに影響力を及ぼし続けるといっても、その人とは別れる。私はこういう「散り際」みたいなことが大好きで、教室での作品掲示一つとっても、教室に長く掲示することはほとんどしません。見るとしても、掲示したその日その時間しか見られないようにしています。だから長くは掲示しないです。その時間だけ掲示して、「今しか見られないからね」と言ったら、子どもたちはとてもよく見ます。でもこれがずっと飾ってあったら、子どもたちはほとんど見ようともしません。今見なくてもいつでも見られるからです。

「限りを設ける」とか「区切りを付ける」というのはものすごく大事で、現代は出会いやすくなったしそういう場をつくりやすくなったからこそ、散り際みたいなものは、デザインする側の人たちがきちんと設計した方がいいと思っています。そうすることで限りある「今」への感謝が生まれて、時間の過ごし方の質や関係性にもよい影響を及ぼすと思うんです。

今後の話

「これから先どんなふうに進んでいきたいですか」という問いに答えると、たぶん私は、遠くない将来において自分が授業をしているという状況からは少しずつ離れていくと感じています。

自分が授業者である必要性はほとんど感じていないので、たとえば私がつくった授業を、他の先生がものすごく上手に、むしろ私よりもうまくやってくれたら、私はそれでいいと思っているんですね。伝えたことの何か一点でも一端でもうまく伝えてもらえる別の代弁者がいたら、私はそれでいいと思っているんです。ですから、自分のつくった実践を唯一無二のようにしたいとも全く思わないです。仮に自分が考え出したと思っていても、結局はそれは誰かに教わったことの組み合わせだったり、化学反応の末にたまたま気づけたというのが真実だと思うんですね。自分が気づかなくても誰かが気づいた可能性がある。だから最終的には、自分の生み出したものがどうかというより、自分自身がどうあり続けるかを考える方が私には向いていると思うし、何よりその方が自然な感じがします。極端な話をすれば、自分自身が生み出したものなど何一つないと思っているので。自分自身の体に宿っている技とか力もそうですよね。自分で生み出したわけではなく、自分の所有物ですらない。だって、この体も自分で生み出したものではないですからね。そして、自分の体なのに思い通りにいかないことがたくさんある。最終的に自分が自由自在に扱えたりするのは究極のところ心であり、そうなってくると、情報とか力とか技とかは外側にくっついているオマケであって、最終的に大切なのはどのような存在になるかにつきると思っているんです。

20代の頃の私はいろいろな人から、「損しているよ」とよく言われていたんです。研究会に所属して認められないと大成できないとか、結局自分一人でやっていても花は咲かないからねと言われ続けたときもありました。それも一理あるだろうなと思いつつも、でもやはり肩書とか所属している組織の名で通りたくないと思ったんです。

私は前にも書きましたが、言語の通じない、全く文化の異なる相手と会っても「不思議と敵に思われない」とか「何か元気をもらえる」とか、そういう存在になりたいのです。

組織の構成員みたいに生きていたら、なかなかそうならないんですよ。組織の主張とか方針とかに共感しているうちはいいんですけど、それを最優先に動いていくようになるとどうしてもしなやかさというか、自然さが失われるようになる。在り方を磨くというのは、とても難しいことで、自分自身もまだまだ反省に次ぐ反省の毎日ですけど、少しでもそれを磨いてからこの世を去りたいなと思っています。

そういう意味で言うと、具体的な「○○を達成しよう」というような目標はありませんが、去年よりも多くのことで喜べる自分になりたいというような、シンプルな目標はあります。38歳の頃の自分よりも、39歳の自分の方が喜べることが増えるというのは、心が一つ磨かれた証拠だと思うからです。だからより多くのことで喜べるようになりたいし、より多くのことでワクワクできるようになりたい。

そのためには、実験をし続けたいと思っています。それこそ今愛知県に来て新しい学校をつくっているのですが、それも私の中では一つの実験ですね。ずっと実験なのです。今までできたことを再び続けるのではなく、まだできたことがないことを試しにやってみようと思うんですよ。そうすると、うまくいかないことが当然たくさん出てくるわけですけど、それを乗り越えると以前に自分には感じられなかった喜びが感じられたりするわけですね。ここに「成功の法則」のようなものはないですけれど、「成長の法則」のようなものは眠っている気がします。

たまたま与えてもらったこの体を使って、どこまでこの人生を楽しめるかという実験は、今後も続けていきたいと思っています。

原体験を渡し続ける

結局教師になる人というのは、それが第一希望なのかセカンドベストなのかどうかは人によりますが、何かしら学校とか教育とか教師に対して肯定的な感情や、前向きな受け止めがあったから、教師になった人がほとんどだと私は思うんですね。授業がしてみたかったとか、憧れの先生みたいになってみたかったとか、いろいろなきっかけが何かしらある。それが原体験だと思うんです。教師になりたいと思う基の体験です。

でも今は、変化のスピードがすごく速くなって、原体験があった頃の学校と今の学校が大きく変わってしまっている。そこに苦しさを感じている人は結構多いと思います。もちろん、私が生まれ育った頃の学校と今の学校は大きくちがいます。

そして、ＧＩＧＡスクールになって、一気にそれがきた。今、一種の幻滅感みたいなことがある人は多いと私は思うんですね。だって過去あった原体験、自分にとってよいイメージをもっている学校が、もう風変り、様変わりしてしまって、こんなんじゃない、思っていたのとちがうみたいな、そういう感じになっている人は少なくないのではないかと私は思っているのです。こんなはずではなかった、誰がこんなふうにしてくれたんだ、のような具合です。

でも結局怒ったところで責任者が出てくるわけではなくて、だからより苦しい。しかも、自分一人の力では現状が変えきれない。違和感は山ほどあるけど、ひとまず目の前の仕事をやらなければ駄目のような。四の五の言わずにひとまずやるのが教師だからのような雰囲気が見て取れます。

でも、私はそんな中でも楽しめるか楽しめないかというのは、最終的には自分の心が決めているんだろうと思うんです。こんなことを言ったらエールにも何にもならなくて、自己責任を押し付けられている感じがしてすごく悲しいと思う人もいるとも思うんですけど。

たとえば仕事の状況が苦しいのには原因が必ずある。それは自分の力が足りていないという原因なのかもしれないですし、もしかしたら純粋に仕事の量が多すぎるというのが原因の一番大きなところかもしれない。他にも考えられたりしますが、何か必ず原因があって、それで苦しんでいるのです。

そして自分でそれを取り除くことや、変えることができない、もう少し言うと変えられないと思い込んでいるから、苦しんでいるケースが多いんです。変えられたりとか、自分にある程度それができる、決定できる、選択できるみたいな感じになっていたら、そこまで苦しみは生まれないと思います。

自分には選択ができない、やらざるを得ない、変えることもできない。でも大変な状況だからそれをやり続けなければ駄目みたいな。こういうふうになったら、別に教師の仕事だけでなくて、どんな仕事でも大変だと思うんです。

でも、現代は変化の激しい時代なので、たぶん学校以外もたくさん目まぐるしく変わっているんですよ。それはそうだと思いますよ。コロナで世界が一変したわけですから。なので、どこにも正解なんてない。でもあなたが思った原体験のよさみたいなことは、きっと変わらないんです。憧れのあの先生が言ってくれた一言が私の心に届いたといった原体験があったとしたら、そのよさ、素晴らしさはこの後もあなたに残り続けていくし、だからこそあなた自身が原体験を生み出す側になることも決して不可能ではない。そのように思うんです。

ちなみに、私は教え子たちに先生になってほしいと思ったことはありません。でも、何かいい原体験は渡してあげたいなとは思っています。別に教師という職への憧れを生まなくても、この人は見返りを求めないで私のことを一生懸命応援してくれたなとか、困っているときに親でもないのにあんなに親身に相談に乗ってくれたなとか、あの先生が書いてくれた通信の言葉は今も何回も読むけれども、そのたびに心を温かくしてくれるなとか、こういう「誰かと出会えてよかった」という原体験を仕事の中で生み出していくことができたら、それはとても素敵なことだと思うんですね。そして、教師という仕事はそれをいくらでも子どもたちに渡すことが可能です。

そうした原体験の素晴らしさは、この後も自分もつくり続けたいと思うし、自分一人でできることなんてたかが知れているので、全国のたくさんの先生方と志を共にしてやりたいなと思っているんです。

いい原体験の生み出し手といったらいいのでしょうか。学校で少なくとも子どもたちに会う時間があって、プレゼントを渡すチャンスが無限にも思えるぐらいあるからこそ、言葉なり表情なり対応なり指導なり、何でもそうなのですが、いいプレゼントを渡せば、きっとその子たちがまた次の社会の担い手になって誰かにそれを贈ってくれる。こんな素晴らしい仕事はないと思うんですね。

さっきの親の話にも戻ってくるのですが、家族以外にも見返りを求めないで自分のことを応援してくれるという、そんな素敵な人がいるんだなということを伝えられたら、私は教師という仕事でなくてもいいのではないかとすら思っています。

でも、あまたある職業の中で、それが豊かにできる稀有な職業であることは間違いありません。だって見返りを求めないでそれができるという、この点こそが私はシンプルにすごく好きなんですよね。やりながら自分の心のステージを上げてくれる仕事だとも、思っています。

今苦しんでいる方へのメッセージとなればいいですが、何かの原因があって苦しんでいるのだろうと思うのですが、自分が誰かに与えてもらった原体験の素晴らしさをふと思い出しつつ、今自分が逆の立場となって何かを与えられるとするならば、どんなことができるかなとシンプルに考えてみると、状況が変わるきっかけが一つずつ生まれていくかもしれないなと思っています。

「汗かけ恥かけ文をかけ」を拝読して

藤原友和

刺激的な論考に触れさせていただく特権的な栄誉をいただき、有難う御座います。雑駁ながら感想をお伝えしたいと思います。

- 「出会いの縁」みたいなものは選別したり、当たりはずれを嘆くのではなくて、その中に「喜びを見出すものなんだ」
- 僕がかなり満足いったと思ってレポートを仕上げていったら、返ってきたコメントで「自画自賛」、「天狗になるな」とか、そんな言葉が。
- 「よかったね。あんたのことをちゃんとわかってくれてる先生に教えてもらったんだね」

- ただひたすらに授業がうまくなれる本当に幸せな期間
- なんかちがうなと思ったら努力の方向を変えてみるか、量をもっと増してみるかのような試行錯誤をして、まずはルートを確定することをしています。
- 汗のかき方は変わる
- そんな風に周りから見られる評価と自己評価という意味で言えば、いつも自己評価の方が低いです。なので、そういう意味で言うと、結構へこんだりすることも少なくありません。
- 言葉は短くなればなるほど暴力性が増す
- いい意味で「壁は崩れた」
- 終わりがうまく設計されていないことによって限りある今への感謝が芽生えなく

て、せっかくの関係も廃れてしまっていく

●実験をし続けたい

気に入ったフレーズを抜粋しました。ここから、これがなぜ僕の琴線に響いたのか考えてみようと思います。そしてそれが新しい時代の教師の「力量形成」論としてどのような範囲をカバーしているのか考察していきます。

前半は渡辺氏の自己形成史です。現在に至る認識がどこでどのように形作られていったのか、濃密な人間関係と宗教的バックボーンを交えながら語られていきます。教師としての「観」が練り上げられていくにあたり、密接不可分なところです。誰もがもてるわけではない、もったからといってそれを生きていく方針として思い定め、体現化し続けろということは端的に言って人間業ではありません。ゆえに渡辺氏の力量形成論はそのままでは読者に勇気を与えることにはなりません。ただそうは成れない自分の狭量さを思い知らされるだけでしょう。なんとも残酷な書です。「嫉妬していては学べない」「絶望しても学べない」と言えます。

では、どのような条件が揃えば本書の読者の成長が始まるのでしょうか。それはひとえに「(他者のまなざしを意識した)自己評価を一旦手放す」ことに尽きると思います。筆者はバイオリンにしろ、初任時代の修業のエピソードにしろ、「量」に没入した時代のことを書かれています。学級通信もそうです。没入中は客観的指標に基づく自己評価はしていないと断言します。主観的な自己評価のなかで、理想の自分に近づけるために現状の自分を否定しつづけた期間があった、とそういう話だと思います。文字通り寝食を忘れることができるのは、動物としての本能に、成長への欲求が優ったときです。それ以外にないと言っていい。打算も外聞もなく、「やりたいから、やる」これだけだと思います。

そうはいっても人間は弱いものですから、外部からの切断が必要です。渡辺氏は別れのデザインのことにも言及されていましたが、人間はいずれ環境に慣れ、「汗をかかなくなる」ものです。とするならば、自分が成長し続けるためには、環境を変え続けるしかありません。それも意図的に。別れをはじめから計算にいれておくことの意味がここにあります。

そして、人間が弱いながらも「別れ」をデザインしようとするとき、必要になるのが「実験」という補助線です。今やっていることの全てを「人生を賭けた壮大な実験」であるとみなすことによって、現象の一つひとつに一喜一憂する必要はなくなります。良いことも悪いことも、事象に対する評価にすぎないわけであって、事象そのものを解釈し、価値づけているのは、その事象に触れている主観的存在、つまり「自分」な訳です。「実験」という言葉は、そうした自分の背中を押してくれるものなのでしょう。

読者が渡辺氏に学ぶとしたら、こうした「思想的態度」であろうと思われます。比較ではなく、モデルでもなく、それぞれ氏とはちがった環境の中で、どのような負担を自分にかけると、その反力として自分の認識範囲が広がり行為可能性が高まるのか。結果として自分と自分の周囲をよくできるのか。教職に限定すると自分の教えを受けた子どもたちが今よりも幸せな社会をつくっていけるのか。……そういうことを指標として自分のやりたいことを実践し、考察し、次の一歩の踏み出し先を考えるという態度です。

日本は成熟社会に入ったと言われています。人口の拡大傾向の中で生み出されてきた成長モデルで職能形成を考えることはできません。それぞれの実態にあった「自律分散型社会」を実現するためには、自らの達成しようとすることの価値を自ら語り続け、その価値を共有する仲間と共に具現化を志すということが求められます。渡辺氏の思想的態度に学ぶというのは、「てっぺんの目指し方」との関係から、「では、自分はどうするか」という別の地点に読者自身の立ち位置を自覚することです。

本書が力量形成論として機能するとしたら、「個人のスーパーパワーから、チームパフォーマンスの向上へ」という、社会の変容を背景にした変質する成長論・成功論への架け橋機能を持った時だと思います。第1章から順に読んでいくと、これまでの出会いと別れ、紡いできた縁といった「輪の広がり」のなかで前述の「環境転化」作業も行ってきているものと推論します。が、あくまでも個人形成史としての本書の性格上、それを読み取るのは読者に委ねられているのかもしれませんね。渡辺氏がいかにしてプレイヤーからチームプレイヤーになっていったのかという変容にこそ新たな時代の成長論が隠れているのだと僕は読みました。

早く読者の皆様に届けたいですね。いち早く読ませて頂き有り難うございました。

おわりに

「貴方にとって一番身近な人間は誰ですか」

そのように問われたら、みなさんはなんと答えるでしょうか。

親と答えるでしょうか。

我が子と答えるでしょうか。

それとも配偶者や友人と答えるでしょうか。

もちろん、そうした存在が身近であることは間違いありませんが、さらに近い位置にいる人間がもう一人だけ存在します。

それは、自分です。

物心ついたときから24時間、365日、もっとも身近な人間として付き合い続けているのが、自分という存在です。

近過ぎるがゆえに、その存在について改めて考えることは少ないかもしれません。

そして、自分のことを心底「変わった人」と認識している人も多くはないでしょう。

四六時中、何十年と連れ添った最も近い人間だからこそ、その存在をどこか「当たり前」や「普通」のものとしてたいていは認識しているはずです。

だからこそ、自分では自分という存在の特異性や持ち味には中々気づけません。

本当は様々な色や香りを放っているにもかかわらず、「当たり前」「普通」と認識することによって、まるで空気かのように無味無臭な存在と捉えてしまうケースが少なくないということです。

そのことを、私は本書の制作過程を通して改めて目の当たりにしました。

インタビュワーのお二人からの質問に私が返した諸々の回答。

その答えの内容は、いずれも私にとってはごくごく自然なものでした。

「それはなぜか」と思考の理由を問われても、「なぜかそのように思えた」という粗い答えしか浮かばなかったこともしばしば起きました。

そんな風に当たり前だとすら思っていた感覚を丁寧に掘り下げ、そこに存在している価値に改めて気づかせてくれたのが北山氏と福澤氏でした。

「自分自身を深く掘る体験」には、大きな幸福感や充実感が伴うことを改めて感じさせてくれたのも両氏であったように思います。

もちろん、これと似たような体験をおもちの人は、他にもきっと多いはずです。

「あなたって結構○○だよね」

「普通そんな風にはできないよ」

「なんで○○のように感じられるの」

自分一人では気づきにくい自身の特異性が、他者との関係の中で明らかになる。

当たり前のように思えていた「自分」というピースの独特な形が、他者と重なった瞬間に「ちがい」として浮かび上がってくる。

そのような場面に遭遇できることは、自分自身に大きなチャンスをもたらします。他者とのちがいにこそ、自分の強みや持ち味が潜んでいる可能性が高いからです。


どの人間にも、必ず凸凹が存在します。

そして「人は長所で尊敬されて短所で愛される」という言葉があるように、その凸と凹の両面に大切な意味があるのだと思います。

ともすれば、多数派から外れることを恐れ、「人並み」「普通」という言葉に安心し、人とのちがいをどこか恐れる風潮が存在する昨今。

そうした状況において、これだけ「ちがい」をクローズアップしていただき、深く掘り下げて価値を見出してもらえたことは本当に幸せな体験でした。

豊かな問いによって、豊かな気づきをもたらしてくれた北山氏と福澤氏に改めて感謝を申し上げます。

そして、本書のアイディアが生まれるきっかけとなった「教師の力量形成」をテーマとしたセミナーの舞台を創造し、素晴らしい解説文を贈って下さった藤原友和氏。

さらに、その数百名が集ったセミナーの大舞台において共演し、私が語った「汗かけ恥かけ文をかけ」の内容から沢山の価値を発見してくれた盟友の古舘良純氏。

両氏との出会いがなければ、きっと本書は生まれていなかったはずです。

教師人生の出立を果たした奈良県天理小学校での11年間や、初めて故郷で教壇に立った札幌市立屯田西小学校での5年間も、原稿を進めながら何度も頭をよぎりました。

そうしたかけがのない幾つもの出会いの縁こそが、これまでの教師人生の中で得た唯一無二の宝であると確信しています。

本書を通じて、その宝がまた一つ二つと増え、広がっていくことを心から楽しみにしています。

2023年1月27日

愛知県瀬戸市の名店「安楽」にて　絶品のホルモン焼きをいただきながら　渡辺道治

プロフィール
渡辺道治
2006年北海道教育大学卒。同年より奈良県天理小学校にて勤務。2013年JICA教師海外研修にてカンボジアを訪問。2016年グローバル教育コンクール特別賞受賞。2017年北海道札幌市公立小学校にて勤務。国際理解教育論文にて東京海上日動より表彰。2019年ユネスコ中国政府招へいプログラムにて訪中。JICAの要請・支援を受けSDGs教材開発事業としてラオス・ベトナムを訪問。初等教育算数能力向上プロジェクト（PAAME）にてセネガルの教育支援に携わる。各地の学校にてSDGsの出前授業を展開。著書に「学習指導の「足並みバイアス」を乗り越える」「生徒指導の「足並みバイアス」を乗り越える」（学事出版）、「心を育てる語り」「BBQ型学級経営」（東洋館出版社）がある。

汗かけ恥かけ文をかけ。

2023（令和5）年3月1日　初版第1刷発行

著　　者：渡辺道治
発 行 者：錦織圭之介
発 行 所：株式会社　東洋館出版社
〒101-0054　東京都千代田区神田錦町2-9-1
コンフォール安田ビル2階
代表　TEL：03-6778-4343　FAX：03-5281-8091
営業部　TEL：03-6778-7278　FAX：03-5281-8092
振替　00180-7-96823
URL　https://www.toyokan.co.jp

装丁デザイン：木下悠
本文デザイン：株式会社ダイヤモンド・グラフィック社
組版・印刷・製本：株式会社ダイヤモンド・グラフィック社

ISBN978-4-491-05080-5

Printed in Japan